AF307471

Das Missverständnis von Jesu Opfertod

Zukunft der Menschheit

Adam Fischer

www.tredition.de

Inhaltsverzeichnis

Vorbemerkung

Dem Menschen sind seine physischen Sinne gegeben, um sich auf dieser Welt orientieren und verständigen zu können.

Viele unterliegen dem Trugschluss, über diese Wahrnehmungsmöglichkeiten hinaus könne nichts existieren. Eine große Fehleinschätzung!

Dazu folgende einfache Überlegung: Aus dem schier unerschöpflichen Spektrum elektromagnetischer Wellen kann das Sinnesorgan Auge nur den kleinen Ausschnitt zwischen den Wellenlängen 770 nm (äußerster roter Rand) und 390 nm (violett) wahrnehmen. Diese Mischung beinhaltet das, was als weißes Licht bezeichnet wird und ermöglicht uns die sichtbare Wahrnehmung der Umwelt. Für alle außerhalb dieses Spektrums liegenden Wellen haben wir keine Antenne, keine Möglichkeit der direkten Wahrnehmung. Erst mit Hilfe technischer Mittel werden weitere Bereiche sichtbar und für unser Ohr hörbar umgewandelt.

Unser Sinnesorgan Ohr kann aus dem ebenfalls riesigen Bereich der Schallwellen nur einen vergleichsweise kleinen Ausschnitt wahrnehmen. Er liegt bei Kleinkindern zwischen 20 Hz und 20 000 Hz, nimmt aber mit dem Alter ab. Die obere Grenze liegt im Alter von 65 Jahren i. M. bei 6 000 Hz. Viele Tiere hingegen - wie

Fische und Fledermäuse - haben ein weit umfangreicheres Hörspektrum. Diese zwei Beispiele zeigen deutlich die Begrenztheit menschlicher Wahrnehmung. Jenseits dieser Grenzen könnten Welten existieren - der Mensch hat keine Chance sie wahrzunehmen. Sie gehen glatt an uns vorbei, existieren für uns einfach nicht.

Den indischen Weisen war schon vor Jahrtausenden bekannt, dass alles, aber auch alles, auf Schwingung beruht. Ihre Lehren wurden von den sich christlich nennenden Theologen des Abendlandes als Irrlehren verhöhnt und verspottet. Sie erhoben sich maßlos nicht nur über diese Lehren, sondern auch über deren Vertreter. „Wer sich selbst erhöht, der wird erniedrigt werden" finden wir die Aussage Jesu bei Mt 23,12. Wie so oft stellten sie sich auch hier gegen erklärte Aussagen des großen Menschheitslehrers und nannten sich doch christlich.

Die Naturwissenschaften haben die Wahrheit der indischen Sicht längst bestätigt. Doch schon etwa 60 Jahre vor diesen Entdeckungen wurde dem Grazer Schreibmedium Jakob Lorber in die Feder diktiert, dass sich im Inneren der scheinbar toten Materie alles bewege und sie mit pulsierendem Leben erfüllt sei.

Sieht man einen kompakten Stahlblock, wie beispielsweise einen Schmiedeamboss, vor sich stehen, so ist vom äußeren Anschein mit keiner Spur auf dieses

innere Leben zu schließen. Dabei schwingt jedes Atom mit unvorstellbar hoher Frequenz um fest zu denkende Raumgitterpunkte und in seinem Inneren selbst „regt sich pulsierendes Leben", wie es bei Lorber heißt.
Jedes Proton schwingt mit 1020Hz.

In der belebten Natur hingegen ist das Leben offensichtlich. Die Blumen öffnen ihre Blütenkelche und strecken sie zur Sonne hin. Das alles sei die Natur, heißt es! Doch was ist das, die Natur? Das ist nur ein Wort. Welchen Inhalt hat dieses Wort? Genauer gefragt, welche Kraft ist es, die mit diesem Wort bezeichnet wird und die alles bewirkt? Welche Ursache steht hinter diesem Wort Natur? Die Beschreibung von Stoffwechselvorgängen allein in einem belebten Organismus erklärt es noch nicht. Was ist der Motor, der alles antreibt? Die Biologie hat versucht hierfür Definitionen aufzustellen, die in ihrem krampfhaften Bemühen grotesk erscheinen.

Diese Schrift befasst sich vorzugsweise mit solchen Gebieten, die weder mit den menschlichen Sinnen wahrgenommen noch durch menschliches Nachdenken erklärt oder durch die Methode des Messens und Wiegens auch nur entfernt erfasst werden können.

Die angesprochenen Themen gehören zu den großen Fragen der Menschheit. Da sich ihre Beantwortung jedem wissenschaftlichen Nachweis entzieht, werden den Meinungen und den Phantasien keine Grenzen gesetzt. Dementsprechend sind zu diesen Themen im

Laufe der Jahrhunderte, ja Jahrtausende, zahllose Bücher geschrieben worden, die ganze Bibliotheken füllen.

Es handelt sich dabei um Fragen wie:

- Woher kam die unvorstellbare Energie des Urknalls?
- Wieso kam es zur Bildung der Menschenkörper?
- Wozu sind wir als Menschen auf der Erde?
- Was geschieht nach dem Tode?
- Warum trifft die Menschen so viel Leid durch Unglück, Krieg, Krankheit?

Wie kann man, frei von Menschenmeinungen, zu diesen Fragen wahre Antworten erhalten?

Sind doch bereits die Bereiche, die sich durch die wissenschaftliche Methode erschließen lassen, nicht frei von subjektiven Anschauungen und vorgefassten Meinungen! So erging es Goethe in einer Auseinandersetzung mit dem zu seiner Zeit bedeutenden Anatom Petrus Camper über den Nachweis des Zwischenkieferknochens beim Menschen.[2]

Dass Tiere über dieses anatomische Detail verfügen, war längst bekannt. Menschen würden es aber nach Camper nicht besitzen, was ein weiterer handfester physiologischer Beleg für die einzigartige Stellung des Menschen in der Schöpfung darstelle. Goethe dachte anders; er fand diesen sehr verborgenen Knochen, nachdem er mit Sorgfalt einige Schädel von Mensch und Tier untersucht hatte, „durch Nachdenken und Zufall", wie er es formulierte, auch beim Menschen. Doch Camper war nicht zu überzeugen. Diese Haltung machte Goethe bewusst, dass Wissenschaft durch die subjektive Sichtweise der Forscher ebenso bestimmt wird wie durch die objektiven Beweise, die sie zugunsten ihrer Wahrnehmung anführen.

Die Geschichte der Wissenschaft ist gepflastert mit entsprechenden Beispielen, in denen scheinbar gesicherte, objektive Erkenntnisse geradezu dogmatisiert wurden, aber schließlich später aufgrund neuer Erkenntnisse aufgegeben werden mussten. Um wie viel mehr sind dann auf jenen Gebieten, die keiner wissenschaftlichen Forschung zugänglich sind, menschlicher Meinung und Phantasie Tür und Tor geöffnet!

Die Wissenschaften haben dem Anfang der materiellen Schöpfung die Bezeichnung Urknall gegeben. Nach dem zweifelsfrei gültigen Satz von Ursache und Wirkung muss diesem Ereignis vor 13,6 Mrd. Jahren eine Ursache zugrunde gelegen haben. Doch kein Mensch vermag hierüber eine fundierte Aussage zu treffen. Es kursieren wilde Spekulationen. Ebenso wenig ist eine Antwort über das Warum all dessen möglich, was infolge aus diesem Urereignis entstanden ist, bis hin zur Bildung des Menschen.

Und doch gab es seit Jahrtausenden Antworten auf diese Fragen. Sie wurden den Menschen durch Boten Gottes, durch echte Prophetie gegeben.

Menschen, die ausschließlich dieser Welt zugewandt sind, denen werden sich bei diesem Wort „Prophetie" die Haare sträuben und solches in den Bereich der Märchen verweisen. Doch jeder, der so denkt, irrt! Er ignoriert einfach eine Fülle von Indizien, die für das Phänomen der Prophetie und ähnliche Erscheinungen sprechen. Er will dies nicht sehen oder hören, weil es nicht in sein Weltbild passt. Weil es nach diesem vorgefassten, materialistischen Weltbild nicht sein kann (oder darf). Er schließt kategorisch alles andere aus und dogmatisiert seine eigene Sicht. Mehr hierzu im Kapitel „Prophetie und das Kausalgesetz".

Das Missverständnis
von Jesu Opfertod

Um es von vornherein klar zu stellen: Nicht Seine Ermordung am Kreuz wird hier angezweifelt, sondern die Behauptung, mit Seinem Opfertod habe er die Sünden aller Menschen hinweggenommen, die bereits begangenen, wie auch die künftigen, noch zu begehenden. Die Menschen brauchten nur an Ihn, Jesus, zu glauben, dann würde sich diese Sündenvergebung vollziehen.

In Seinem Werk „Das ist Mein Wort A und Ω; Das Evangelium Jesu"[3], (S. 913), spricht Christus heute hierzu eindeutig: „Keiner soll sagen: Einzig durch den Glauben an Mich, den Christus, würden ihm die Sünden genommen. Wer seine Sünden nicht erkennt, wer nicht bereut und dadurch weiterhin sündigt, bleibt ein Sünder. Meine Erlösertat wird ihm die Sünde nicht nehmen".

Worin bestand denn nun die Erlösertat wirklich?

In meinem zweiten Buch „Was der Mensch sät, das wird er ernten" habe ich die Verdrehung von Jesu Lehre ausführlich dargelegt. Dabei bezog ich meine Quellen aus „Origenes, der Diamantene"[4], aber auch aus der Prophetie der Jetztzeit.

Wie wir im Folgenden sehen werden, wäre auch der grausame Kreuzestod von Jesus nicht nötig gewesen, um das Erlöserwerk zu vollbringen. Diese Erlösung bestand wie oben gesagt nicht in der Hinwegnahme aller Sünden, sondern darin, dass Er den gefallenen Engeln, die wir Menschen alle sind, den Weg zurück in ihre ursprüngliche Heimat ebnete, das Reich Gottes. Alle Menschen müssen diesen Weg selbst gehen, aber weil dieser Weg sehr beschwerlich ist, scheuen ihn viele. Jesus hat mit dieser Tat - um es bildlich auszudrücken - lediglich eine Brücke über eine bis dahin unüberwindliche Kluft gebaut. Bevor Jesus diese Brücke baute, war es keinem Gefallenen möglich das Reich Luzifers, das Reich des Bösen und des Grauens, zu verlassen. Alle waren sie ihm gefolgt und damit an ihn gebunden. Er entließ niemanden, selbst die nicht, die ihren Abfall von Gott längst bereut hatten und wieder zurück wollten.

Gegen die Hinwegnahme aller Sünden stehen vor allem zwei höhere Gesetze: Das Gesetz von Ursache und Wirkung (Mt 7,1 u. 2) sowie der Freie Wille, den Gott jedem als unveräußerliche Mitgift geschenkt hat. Hiernach kann selbst Gott eine Schuld nicht vergeben, solange der Betroffene sie dem Verursacher nicht vergibt.

Von dem Ursache-Wirkung-Gesetz gibt es nur sehr seltene Ausnahmen. Eine solche Ausnahme geschah im Leben Jesu, wie noch näher zu erläutern ist.

Origenes (184 - 252 n. Chr.) hatte lebenslang gegen die falschen Vorstellungen von der Sündenvergebung, die allein durch den Glauben geschieht, ankämpfen müssen. Die Auflösungserscheinungen des Urchristentums waren zu der Zeit schon unverkennbar.

Ursache dafür waren nicht zuletzt die in zeitlichen Wellen immer wieder das Land überziehenden Christenverfolgungen, durch die gerade die Aufrechtesten, Standhaftesten, die Bewahrer der wahren Lehre Jesu, hingerafft wurden. Die Übriggebliebenen waren eher geneigt, den falschen Lehren mit ihren falschen Versprechungen zu folgen.

Woher kam nun dieses falsche Gedankengut, das immer mehr in die Gemeinden einsickerte und nach und nach langsam diese Organisation entstehen ließ, die Katholizismus genannt wird? Die Mitglieder der urchristlichen Gemeinden kamen entweder aus dem Heiden- oder Judentum und brachten ihre alten Gewohnheiten mit, die aber nun in Frage gestellt wurden. Wie allgemein bekannt, haben Gewohnheiten Macht über die Menschen. So hatten diese Neuchristen die Gewohnheit von früher übernommen, der Gottheit Opfer darzubringen. Fast ausnahmslos handelte es sich hier um blutige Schlachtopfer. Die Götter im Heidentum, aber auch Jahwe der Juden, sollten damit besänftigt werden. Der Tempel zu Jerusalem soll einem Schlachthof geglichen haben. Das Priestertum hatte für diese Abläufe genaue Regeln aufgestellt. Was verbrannt werden sollte, was den Priestern gehörte usw. Diese Gebräuche und Rituale waren allesamt Erfindungen einer Priesterschaft, mit dem Versprechen an das Volk, Gott dadurch gnädig zu stimmen und Schutz vor aller Trübsal zu erlangen. Vor allem um dieser Priesterschaft Macht über das Volk zu geben und zum Zwecke eines sicheren Einkommens und hohem Ansehen unter den Menschen.

Trotz aller für die Menschen damit verbundenen hohen Abgaben an die Priesterschaft, war es für sie andererseits ein bequemer Weg: Die Darbringung des äußeren Opfers, ersparte ihnen an sich selbst Opfer durch eine entsprechende Lebensweise, etwa ein Leben nach den Vorgaben der Bergpredigt Jesu (Mt 5-7) zu vollbringen. So waren im Urchristentum die Mitglieder nicht nur Christen dem Namen nach, also zum Schein, vielmehr musste diese Zugehörigkeit durch einen entsprechenden Lebenswandel unter Beweis gestellt werden, andernfalls mussten sie die Gemeinden verlassen.

Die Urgemeinden kannten keine Priester, Pfarrer, Kirchen, Altäre, Riten, Sakramente usw. Ihnen standen sogenannte Älteste vor, das waren Menschen mit tadellosem Lebenswandel, die sich innerhalb der Gemeinden um das Wohl aller bemühten und für den gerechten Ausgleich sorgten. Direkt geführt wurden die Gemeinden durch das prophetische Wort über medial begabte Menschen. („Um so fester haben wir das prophetische Wort." (2. Pt 1,19), „Löschet den prophetischen Geist nicht aus." (1. Thess 5,19)). Offensichtlich hatte es Hironymus bei seiner Bibelfälschung um 383 n.Chr. versäumt, diese Sätze herauszustreichen. Später behaupteten die Priester, das prophetische Wort sei bei der Weihe auf sie übergegangen.

Wie erwähnt, schlich sich immer mehr heidnisches Gedankengut in die Gemeinden ein, durch die aus früherer Zeit stammenden heidnischen Gewohnheiten. In Wirklichkeit aber steckte dahinter das satanische Wirken der Finsternis, von Luzifer und seinem Dämonenstaat. Durch entsprechende Einflussnahme auf die Menschen sorgten sie für das Aufkommen und Verbreiten dieser Irrlehren.

Durch Sein vollkommen gottbewusstes Leben gegen alle Anfechtungen Luzifers, hatte Jesus den Sieg über diesen errungen. Danach waren Luzifers Rechte beschnitten worden: Alle Willigen, die sein Reich verlassen wollten, musste er nun ziehen lassen. Ihm war aber zugestanden worden, diese aufwärts Strebenden bis zu einem gewissen Grad in Versuchung führen zu dürfen, dies einerseits, um Luzifers Rechte nicht vollends zu beschneiden und um die Willigen zu prüfen. Freiwillig hatten sie sich einst von Gott abgewandt. Entschieden mussten sie nun wieder Gott ihr „Ja" geben. Doch das musste unter Beweis gestellt und geprüft werden. Wie schon gesagt, diese Mitgliedschaft nur dem Namen nach, wie sie heute fast nur besteht, reicht Gott nicht. Diese Irrlehren aber flüsterten den

Menschen das Gegenteil ein: „Ihr braucht nur an Jesus zu glauben. Vor allem aber müsst ihr Mitglied in unserer Kirche sein, der einzig wahren katholischen Kirche. Weiter müsst ihr alle Anweisungen der Priester befolgen, dann können diese euch die Absolution erteilen".

Welch ein Wahnsinn kann man dazu nur sagen!

So hatte es mit der Zeit eine aus dem Heidentum wiedererstandene Priesterschaft verstanden, sich fest zu etablieren und als unentbehrlicher Mittler zwischen das Seelenheil der Menschen und Gott zu schieben. Jesu Kreuzigung als Opfertod hinzustellen, hatte dabei eine zentrale Bedeutung. Es war die Entsprechung zu dem früheren heidnischen Blutopfer, durch das die Götter ja auch gnädig gestimmt werden sollten. Für die Menschen war das verständlicherweise sehr bequem. Zu welch radikaler Verdrehung der Lehre Jesu das führte, mit katastrophalen Folgen bis heute, zeigt alleine folgendes Beispiel: In den Urgemeinden konnte kein Soldat Mitglied werden. Jesus lehrte die vollkommene Gewaltlosigkeit. Nach Konstantin, ab 324 n.Chr., wurde es dann bald umgekehrt: Wer den Kriegsdienst verweigerte wurde als Deserteur gebrandmarkt. Das war nicht nur Verdrehung von Jesu Lehre, das war Verrat! Damit hatte die - unter Kaiser Konstantin so recht in Schwung gekommene - katholische Kirche, keine Legitimation sich christlich zu nennen!

Jesu Kreuzestod als Opfer, erlebte mit der Zeit groteske Ausformungen, die man fast Abartigkeit nennen könnte: Was anders ist die „Feier des heiligen Abendmahles", bei der sich auf geheimnisvolle Weise die Hostie in Christi Fleisch und der Wein in Christi Blut wandelt? Wäre das nicht Kannibalismus? Die sog. „Wandlung" kann erfolgreich nur von einem katholischen Priester vollzogen werden. Der Empfang des heiligen Abendmahls sei zur Sündenvergebung notwendig, dabei müssten vorher die Sünden ehrlich bereut werden. So habe ich es in meiner Kindheit und frühen Jugend unzählige Male von dem Pfarrer gehört, bevor er seine „heilige Handlung" durchführte. Ist das bei genauer Betrachtung nicht schwarze Magie?

Zu dem Unfug der Absolution durch einen katholischen Priester soll an dieser Stelle kein Wort verloren werden. Wer möchte, kann dieses in den Büchern[1] und[4] nachlesen, wie es hierzu kam.

Diese Absolution war in den Händen der Priester ein gewaltiges Instrument der Macht über die Menschen.

Wie war das aber nun mit dem Abendmahl wirklich?

Vor Seiner Festnahme in Gethsemane hatte Jesus mit Seinen Jüngern noch ein gemeinsames Mahl eingenommen. Nach der Überlieferung (Lk 22,19) brach Er bei diesem Mahl das Brot und reichte es den Jüngern mit den Worten, dies zu Seinem Gedächtnis zu tun. So feierten auch die Urchristen in der Anfangszeit dieses Mahl zur Erinnerung an Jesus letztes gemeinsames Mahl mit Seinen Jüngern. Mehr nicht! Nichts von all dem, was später daraus gemacht wurde, eine rituelle

Handlung, ein sogenanntes Sakrament. Nirgendwo im Leben Jesu ist auch nur die Spur zu finden von einer rein förmlichen, also eigentlich leeren Handlung, die man als Ritus bezeichnen könnte.

Ich selbst habe Abendmahlsfeiern miterlebt, in der neuen, urchristlichen Bewegung unserer Zeit. Ein festlich geschmückter Tisch, alle entsprechend gekleidet. Zu Beginn sprach Christus zu uns durch Seine Botschafterin Gabriele für diese Zeit. Es wurde ein Lied gesungen, ein Gebet gesprochen. Danach wurden die Speisen aufgetragen. Später klang es mit einem Gebet und Liedern aus. Das ganze Geschehen hatte nicht entfernt etwas mit einem Ritus zu tun. Das waren Zusammenkünfte wie sie vermutlich auch bei den Urchristen stattgefunden haben, um sich gemeinsam des letzten Mahles Jesu mit Seinen Jüngern zu erinnern. Höhepunkte dieser Treffen waren für mich immer die Worte, die Christus dabei durch Seine Mittlerin Gabriele an uns richtete:

„Ich bin in dieser Stunde bei euch anwesend. Ich gehe durch die Reihen und berühre jeden Einzelnen von euch …". Seine Anwesenheit war für uns spürbar, fast greifbar; das Erleben ist nicht in Worte zu fassen. In dem Brechen und Verteilen des Brotes durch Jesus kann die Aufforderung gelegen haben, unser Brot mit den Bedürftigen zu teilen. Das hätte einen praktischen Sinn und käme der ganzen Lebensweise Jesu näher als aller Ritus.

Doch kommen wir zurück zu der Behauptung, in Jesu Hinrichtung sei die Erlösung aller Menschen und Seelen begründet. Was hierzu an Begründungen über 1 700 Jahre hinweg niedergeschrieben wurde, ist heute bei näherer kritischer Betrachtung nicht zu verstehen - um es sehr milde auszudrücken. Origenes wusste als einer der letzten seiner Zeit noch um die Wahrheit, deshalb wurden alle seine Schriften bald vernichtet und verketzert; ja, derjenige mit dem Tode bedroht wurde, der solche bei sich aufbewahrte.

Letzte Klarheit wird erst heute wieder hergestellt durch die Prophetie der Jetztzeit. Auf das Wesen der Prophetie wird später noch ausführlich einzugehen sein.

Die Zeit ist überreif, um die Wahrheit ans Licht zu bringen. Mit Macht bricht sie sich in unserer Zeit Bahn. Da gibt es wissenschaftliche Untersuchungen über „Dichtung und Wahrheit" im Neuen Testament, die manch Erstaunliches zu Tage fördern. Über die Geschichte des Urchristentums und dessen schleichende „Umwandlung" in ein Scheinchristentum.

Da neigt sich in dieser Umbruchszeit der Himmel erneut zur Erde und führt die Menschheit in alle Wahrheit, so wie es von Jesus angekündigt wurde.

Vielen Menschen genügen die Antworten der Theologen zu ihren brennenden Fragen nicht mehr, angesichts deren Widersprüche und Ungereimtheiten. An der schleichenden Entstehung der katholischen Kirche, erst zwei bis drei Jahrhunderte nach Christus, bestehen heute, auf Grund der Fakten keine Zweifel mehr. Die Behauptung, Jesus habe diese Kirche gegründet, ist eine Irreführung der Menschen, um nicht zu sagen, eine Lüge. Alles was diese Kirche dann so nach und nach einführte an rituellen Handlungen, Dogmen usw., sind reine Erfindungen einer Priesterschaft. Statt auf die Frohbotschaft des Jesus, setzten die Priester auf Drohbotschaft mit ewiger Verdammnis. Eines der hinterhältigsten Machwerke dieser Kirche war das Verschweigen der Wiederverkörperungslehre durch Hieronymus, als dieser im Auftrag des Papstes die lateinische Bibel um 383 n.Chr. zusammenstellte. Danach konnte niemand mehr etwas anfangen mit dem Paulus-Wort „Was der Mensch sät, das wird er ernten". Diese Aussage macht nur Sinn in Verbindung mit der Reinkarnation. Damit haben die Menschen auch keine Erklärungen mehr für alles Leid, das ihnen auf Erden zustößt. Nach der Kirchenlehre gehört das zu den „Geheimnissen Gottes". Nach dem universell gültigen Kausalgesetz von Ursache und Wirkung, trifft den Menschen aber nur solches, was er einst selbst verursacht hat und sei es in Vorleben gewesen.

Jesus hat keinen einzigen Priester geweiht! Wie kommen sie, diese katholischen Priester, dann zu der dreisten Behauptung, sie stünden in Seiner direkten Nachfolge?

Was soll das überhaupt bedeuten, weihen?

Da weiht ein sogenannter Weihbischof - und nur der vermag dies - einen jungen Menschen zu einem Priester. Was geschieht denn nun genau in dieser vermeintlich heiligen Handlung?

Lieber Leser, als ein mit der Normalausstattung der Natur versehener Mensch, können Sie das selbstverständlich nicht wissen: Nur einem Weihbischof ist von Gott diese Befähigung gegeben worden, angehende Priester in einen höheren Stand zu versetzen, sie gleichsam aus der Masse herauszuheben. Sie heißen dann ja auch nicht mehr Herr Maier, sondern Hochwürden, Eminenzen usw., so wie es Jesus angeblich angeordnet hatte. Durch diese geheimnisvollen, höheren Weihen wird der künftige Priester auch erst in den Stand versetzt, bei der sogenannten „Wandlung", während der als heilig bezeichneten Messe, Brot und Wein in das lebendige Fleisch und Blut Christi zu wandeln.

Kann man Menschen noch mehr verdummen?

Was die katholische Kirche unter dieser Weihe versteht, kann nachgelesen werden in „Katechismus der katholischen Kirche Kompendium", übersetzt 2005 aus dem Italienischen, erschienen im Pattloch Verlag:

„322. Was ist das Sakrament der Weihe?

Die Weihe ist das Sakrament, durch das die Sendung, die Christus seinen Aposteln anvertraut hat, in der Kirche weiterhin bis zum Ende der Zeiten ausgeübt wird."

Und weiter:

„328. Welche Wirkung hat die Priesterweihe?

Die Salbung des Geistes prägt dem Priester ein unauslöschliches Siegel ein, macht ihn Christus, dem Priester, gleichförmig und befähigt ihn, im Namen Christi, des Hauptes zu handeln ...“

Noch manches eigenmächtige, schier unglaubliche sprechen sich diese Menschen zu: Das prophetische Wort sei auf sie übergegangen und Gott brauche seitdem keine Propheten mehr zur Erde zu senden (alle wahren Propheten wurden deshalb in den vergangenen 1.700 Jahren bis auf's Messer verfolgt). Weiter könnten sie, die Priester, anderen Menschen die Absolution erteilen, d.h. ihre Sünden vergeben. Spielen sie da nicht Gott?

Da sprechen sie selbst sich höhere Weihen zu. Sprechen von sich als notwendiger moralischer Instanz für die Menschen, nennen sich Seelsorger und haben dabei eine unsägliche Blutspur in der Geschichte hinterlassen. Da stellen sie sich in prächtige Gewänder gekleidet, mit erhobenen Armen und Händen, engelsgleich an den Altar, als wären sie gerade vom Himmel herabgestiegen und meinen, den Menschen Gottes Segen spenden zu können - und missbrauchen anschließend in der Sakristei wehrlose Kinder.

Kinder, die ihnen von gutgläubigen Eltern, voller Vertrauen an die Hand gegeben wurden, kann es noch schändlicher zugehen?

Anlässlich der Herbsttagung der Deutschen Bischofs-konferenz in Fulda, brachte der Hessische Rundfunk am 25. September 2018 um 20:15 Uhr eine Sondersen-dung zu dem in dieser Konferenz behandelten Thema des Kindsmissbrauchs durch katholische Priester. In der Diskussionsrunde befand sich auch eine Dame mittleren Alters, die davon sprach, sie sei als Achtjähri-ge von einem katholischen Priester missbraucht wor-den. Wie ein Gott sei dieser Mann damals in ihrem Ort angesehen worden. Als sie dann erst später dieses Ver-gehen - ich würde sagen Verbrechen - öffentlich mach-te, sei sie massiv angegriffen und der eigentliche Täter zum Opfer gemacht worden.

Christus, der vor 2 000 Jahren in dem Menschen Jesus einverleibt war, offenbart sich seit den 70er Jahren des vergangenen Jahrhunderts durch Seine Botschafterin Gabriele. In dem Buch „Das ist mein Wort A und Ω; Das Evangelium Jesu", schildert Christus, was sich damals während Seiner Erdenreise wirklich ereignet hat. Für manches Geschehen beschreibt Er die geistigen Hinter-gründe, die bisher völlig unbekannt waren. Der Grund für die Entstehung dieses Werkes wird vom Geistleh-rer, Bruder Emanuel, im Vorwort dieses Buches gege-ben.[3] Auf den Seiten 840 - 844 wiederum gibt Christus Erklärungen zu dem damaligen Geschehen und wes-halb Er Sein Erlöserwerk auch ohne Seine Ermordung hätte vollbringen können. Sinngemäß gebe ich Seine Erklärung gekürzt wieder. Doch vorab eine Warnung:

Diese Erläuterungen stehen am Rande dessen, was Menschenverstand fassen kann. Aber das auch nur dann, wenn Kenntnisse über gewisse geistige Gesetze und Vorgänge beim Leser vorhanden sind, wie Gottes Errettungsplan, das Ursache-Wirkung-Gesetz, Reinkarnation, kurz - über das gesamte Geschehen im Geiste. Deshalb liegen meinen Erläuterungen noch weitere Quellen als die genannte zugrunde: Wissen aus der persönlichen Teilnahme an zahlreichen Veranstaltungen und Offenbarungen aus dem Geiste, fließen in die Erläuterungen mit ein.

Luzifer hatte seinem Bruder Christus dessen Regentschaft im Reich Gottes geneidet. Aus diesem Neidgedanken - der dort eigentlich nicht hätte entstehen sollen und in der Folge auch einen Verbleib im Reich Gottes verunmöglichte - entwickelte sich der Fall, der Engelsturz. Luzifer und alle, die seinen Versprechungen geglaubt hatten, mussten den Himmel verlassen. Sie hatten sich gegen Gott gestellt. Gott sah das kommende Elend der Gefallenen und sie taten ihm leid. Waren es doch alle Seine Kinder. So schmiedete Er zusammen mit Christus einen Plan zur Rückführung aller Gefallenen. Da die Gegnerschaft Luzifers in erster Linie Christus gegolten hatte, sah dieser es als Seine vordringliche Aufgabe, an diesem Plan mitzuwirken. So war von Anfang an auch der Erdengang Christi in diesem Plan vorgesehen. Ein wesentlicher Teil Seiner Aufgabe sollte darin bestehen, die Geistkraft der Gefallenen zu stärken. Der Teil an geistiger Energie, der allen beim Verlassen des Himmels mitgegeben worden war, hatte sich während des weiteren Falls und dem damit verbundenen gesetzeswidrigen Verhalten immer weiter verringert und war fast aufgebraucht. So bestand die Gefahr der Auflösung, wovon bereits die indischen Weisen Kenntnis hatten. Um die Zeit von Christi Erdengang war dieser Kipppunkt fast erreicht. Dies war ein Ziel Luzifers. Er plante danach eine eigene Schöpfung.

Von langer Hand war die Erdenreise Christi vorbereitet worden. Diesem Zweck diente schon die Entsendung aller wahren Propheten, wie sie im Alten Testament der Bibel bekannt sind. Sie sollten das Volk Israel in die Göttlichen Gesetze einweisen, angefangen von der Existenz nur des einen Gottes durch Abraham; die Übermittlung der zehn Gebote durch Mose und weitere Lehren durch andere Propheten. Sie lehrten auch bereits das Gesetz von Saat und Ernte, kündeten das Friedensreich an und die Ankunft des Messias, also des Christus.

Zur Unterstützung des Rückführungsplanes hatten sich viele hohe Geistwesen aus dem ewigen Sein zu einer Inkarnation bereit erklärt, um die Wege für diesen Erlösungsplan und die Entstehung des Friedensreiches auf Erden vorzubereiten. Das Geschlecht Davids war in der Folge hauptsächlich die Einverleibungsbrücke dieser Wesen. Sie sollten den Juden die Gesetze des

Lebens, die von den Propheten gelehrt wurden, weiter nahebringen und ihnen gute Vorbilder sein, damit alle diese Gesetze erfüllen, „um Mich Christus, zu erkennen, wenn Ich in Jesus zu ihnen komme".

„Viele dieser Geistwesen verstrickten sich dann als Mensch von Inkarnation zu Inkarnation immer mehr, das heißt, sie sündigten und belasteten ihre Seelen, so dass sie wegen der Sünde nicht mehr erspürten, wofür sie ausgezogen waren" (S. 842). Die im Geschlecht Davids einverleibten Geistwesen, sollten auch für solche in anderen Geschlechtern Vorbild und Halt sein. Doch durch das Versagen scheiterte alles.

Die aufwieglerischen Reden des jungen Mannes Jesus von Nazareth stellten für das Herrschaftssystem der damaligen Priesterschaft eine Gefahr dar. Deshalb war er schon lange in ihr Visier geraten und sie suchten nach Mitteln, ihn aus dem Wege zu schaffen.

Es wurde und wird immer wieder die Frage gestellt, warum Jesus Seinen Verfolgern so oft entweichen konnte, nur nicht in dieser Nacht seiner Gefangennahme. Auf der Tatsache, dass Er in zahlreichen Situationen den Schergen der Priester immer wieder hatte entweichen können, basierte auch der Verrat des Judas, der nur des Geldes wegen geschah. Judas wollte eigentlich nicht, dass Jesus gefangengenommen, sondern - wie so oft schon - sich letztlich einer Festnahme entziehen würde. Wie von unsichtbarer Hand geschützt, hatte Er bis dahin immer wieder durch die Reihen der Feinde gehen können, hatte mit ihnen Auge in Auge gestanden und konnte doch nicht gefangen genommen werden. Was war in dieser Nacht grundlegend anders, so dass es nicht so kam wie Judas glaubte?

Gleichzeitig mit Jesus hatten sich weitere Söhne und Töchter Gottes zur Erfüllung des Heilsplanes inkarniert, um Jesus zur Seite zu stehen. Doch aufgrund seelischer Belastungen, die sie sich in Vorleben zugezogen hatten, konnten sie - wie oben schon angesprochen - diesen Auftrag nicht mehr erfüllen. Sie wussten nicht mehr, wer sie waren und wozu sie ausgezogen waren. Damit wären sie auch in künftigen Inkarnationen als notwendige Helfer ausgefallen. So auch in unserer Zeit (2018), die eine Zeitenwende darstellt.

Hierzu wörtlich aus dem oben genannten Werk:

„Damit Söhne und Töchter Gottes wieder über den Stamm David zur Einverleibung gehen konnten und weiterhin können, um dann auf Erden für den Plan Gottes zu wirken, umhüllte ich Mich vor allem mit einem Teil der Schuld des Geschlechts Davids, d.h. mit der Schuld jener Seelen, die im Plan Gottes standen und sich in Vorinkarnationen so belastet hatten, dass sie über viele Einverleibungen hinweg nicht mehr für den Plan Gottes hätten wirken können. Durch die Umhüllung meines Geistleibes mit einem Teil dieser Schuld wurde ich für die Finsternis sichtbar und

angreifbar. Deshalb konnten sie mich gefangen nehmen"[3]

Jesus war nichts verborgen, Er konnte den Seelen-
zustand eines jeden vollständig erfassen, d.h. auch seine Belastungen. So musste Er im Laufe Seines Wirkens
als Jesus von Nazareth erkennen, dass die Geistwesen,
die sich mit ihm inkarniert hatten - vor allem Juden aus
dem Geschlecht David -, ihm jetzt nicht mehr unter-
stützend zur Seite standen. Bei Seiner Erhöhung
erschienen Ihm Cherubim im Geistgewandt und
erklärten Ihm, dass vornehmlich Söhne und Töchter
aus dem Geschlecht Davids mit Ihm die Erlösung und
Gründung des Reiches Gottes auf Erden durchführen
sollten, doch dass dies jetzt und künftig durch deren
Seelenbelastung nicht möglich sei. Das war für Jesus
eine traurige Bestandsaufnahme. Aus Liebe zu Seinem
Vater war Er nun bereit einen Teil der Schuld jener
Töchter und Söhne Gottes auf sich zu nehmen. Damit
wurden diese frei, um in künftigen Inkarnationen am
Plan Gottes mitwirken zu können. Doch Jesus trug nun
diese Seelenlast und wurde damit, wie Er sagte, für die
Finsternis „sichtbar".

Zur Übernahme dieser Schuld anderer hatte Er offensichtlich an diesem Gründonnerstag eingewilligt und
unterlag damit dem Gesetz von Ursache und Wirkung.
Bei Mt 26, ab Vers 26 ist etwas darüber zu lesen, wie
sehr Er wohl mit sich gerungen haben musste, welch
entsetzlich schwere Stunde das für Ihn gewesen sein

muss. Dort heißt es u.a., dass er begann, im Garten
Gethsemane „zu trauern und zu zagen". In Vers 39:
„Und er ... fiel nieder auf sein Angesicht und betete und
sprach: Mein Vater, ist's möglich, so gehe dieser Kelch
an mir vorüber; doch nicht, wie ich will, sondern wie
du willst!". Er wusste, was dieser Entschluss zur Übernahme der Schuld für Ihn bedeutete. Sein kommendes
Schicksal wurde Ihm an diesem Abend vor Augen geführt. Man darf nicht vergessen, dass Er bei aller Sendung auch Mensch war und fühlte wie jeder Mensch.
Dieser Mensch sah nun, was ihm bevorstand. Welch
eine entsetzlich schwere Stunde muss das für den Menschen Jesus gewesen sein. Und trotzdem: „... dein
Wille geschehe".

Uns Menschen sind naturgemäß zunächst nur die auf
der Materie geltenden Naturgesetze bekannt. Dass ein
Mensch eine Seelenbelastung eines anderen übernehmen und für diesen abtragen kann, ist menschlich nicht
nachvollziehbar und begreifbar. Wir können es glauben
oder auch lassen. Der Geist sagt dazu immer: „Wer es
fassen kann, der fasse es, wer es lassen will, der lasse
es". Beweise dafür gibt es nicht. So gilt der folgende
Satz nur aus meinem eigenen Erleben: Erst nachdem
ich das gesamte geistige Gebäude erfasst und durch-
drungen hatte, musste ich feststellen, dass in sich alles
logisch ist. Ich habe keine Widersprüche feststellen
können.

Die Übernahme einer Seelenschuld durch einen anderen ist aber eine sehr seltene Ausnahme vom Ursache-Wirkung-Gesetz. Hinweise hierzu sind zu finden in den umfangreichen Kundgaben durch das Medium Beatrice Brunner. Durch Therese Neumann (Therese v. Konnersreuth) ist ein solches Geschehen bezeugt.

Die Finsternis, die wusste, was für sie auf dem Spiele stand, stürzte sich, nachdem Jesus für sie „sichtbar" geworden war, mit aller Macht auf Ihn. Sie beeinflusste labile Menschen durch sogenannte Einflüsterungen, damit sie falsch gegen Jesus bezeugen. Sie beeinflusste auch Pilatus. Der ließ sich letztlich durch die Priesterschaft vereinnahmen, durch die Lüge, Jesus habe politische Absichten. Pilatus hätte durchaus die Möglichkeit gehabt, das grausige Geschehen zu verhindern, doch es fehlte ihm der nötige innere Halt. Mit seiner Freigabe des Jesus zur Hinrichtung, lud er unermessliche Schuld auf seine Seele.

Die Schuldübernahme durch Jesus betraf nur eine ganz bestimmte und damit auch begrenzte Personengruppe. Auf keinen Fall hatte Er damit die Schuld aller Menschen auf sich genommen und schon gar nicht die erst noch zu begehenden, künftigen Sünden. Welche Logik sollte das sein? Das käme einem Freibrief für ein völlig gottloses Leben gleich.

Durch Jesu Schuldübernahme waren nun alle Geistwesen wieder frei, ihre von Beginn an zugesagten Aufgaben wieder aufzunehmen. Viele von ihnen haben sich in dieser Zeitenwende wieder in einen Menschenkörper einverleibt, um am Aufbau des Friedensreiches auf dieser Erde mitzuwirken. Als Mensch haben sie den Ruf vernommen, ihn erkannt und sind ihm gefolgt. Gemeinsam mit Gabriele, die Gott selbst heute Seine Prophetin nennt und in der sich der Seraph der Göttlichen Weisheit inkarniert hat, wirken sie am Aufbau des Friedensreiches. Von der großen Masse weitgehend unbemerkt, entstehen rund um den Erdball diese Keimzellen urchristlichen Lebens. Geführt wird alles durch Christus vom Geiste her.

Hätten sich diese im Geschlecht Davids einverleibten Geistwesen, die ihr „Ja" zu Gottes Rückführungsplan gegeben hatten, nicht verstrickt und belastet, wäre das jüdische Volk zu einem wahren Gottesvolk geworden. Dann wäre der Erlösungsplan anders verlaufen und die Kreuzigung hätte nicht sein müssen, sagt Christus auf S. 844.

In der Zeit vor Jesus, der Zeit des Alten Testamentes, hatte Gott seine Himmelsboten, die Propheten, alle in das Volk Israel entsandt. Dieses Volk war tatsächlich dazu auserwählt gewesen, später zusammen mit Jesus das Friedensreich auf der Erde zu begründen. Doch wie wir gesehen haben, versagten viele aus dem Stamm Davids, die an diesem Aufbau mitwirken sollten. Letztlich versagte das ganze jüdische Volk, indem es Jesus nicht erkannte und anerkannte als den Begründer des Friedensreiches. Die Folgen zeigten sich bald durch die Zerschlagung dieses Volkes als Nation durch die Römer und die Vertreibung der Israeliten in alle Welt.

Die Neugründung des Staates Israel im Jahre 1947 und die nicht enden wollenden Streitereien und Kriege mit den Nachbarnationen, zeigen überdeutlich, dass dieses Volk seine einst herausragende Stellung als auserwähltes Volk längst verloren hat.

Heute, nachdem Gott einen neuen Bund geschlossen hat für die Neue Zeit - von den meisten unbemerkt - rekrutiert sich das Volk Gottes aus Menschen aller Nationen dieser Erde, die Seinen Willen tun. NeuJerusalem entsteht in einem anderen Land und hat mit dem alten jüdischen Jerusalem nichts zu tun. Menschen tun sich zusammen, um in Seinem Geiste in unserer Zeit den Grundstein zu legen für die angekündigte Neue Zeit.

Wie vorn erwähnt, stellt Christus in unserer Zeit klar, alleine durch den Glauben an Ihn, werde niemandem eine Sünde hinweggenommen. Auch stellt Er eindeutig fest, dass zur Durchführung des Erlösungs- bzw. Errettungsplanes, seine Ermordung nicht notwendig gewesen wäre.[3]

Worin bestand denn nun diese Errettung tatsächlich? Über Gabriele sagt Er heute, über die genauen Vorgänge habe Er damals die Menschen nicht aufklären können, weil Seine Erlösertat erst auf Golgatha bei Seinem „Vollbracht" erfolgte, (s. S. 197). Was dann aber in Unkenntnis des tatsächlichen Geschehens, in der Folgezeit der Menschheit als Erlösung verkauft wurde, kann nur als Gespinst von Theologenhirnen bezeichnet werden, zu dem einzigen Zweck, die Menschen an die Priesterschaft zu binden. Deren Ziel war es zu allen Zeiten, Macht über die Menschen auszuüben. Dies steht in krassem Gegensatz zu allen Gottes- und Christusoffenbarungen in unserer Zeit durch Gabriele.

Klarheit über das, was sich damals wirklich ereignete, wird heute erstmalig durch Christus selbst hergestellt. Die entscheidenden Aussagen hierzu befinden sich auf den Seiten 195 bis 197 in dem Werk. Sie werden hier nur indirekt und verkürzt wiedergegeben.

Viele der Aussagen aller großen Gottespropheten wurden zu allen Zeiten von den jeweils herrschenden „Religionskonzernen" verfälscht und nicht selten in ihr Gegenteil verkehrt. In unserer Zeit wird der Menschheit die Wahrheit aus dem Himmel mitgeteilt – soweit Menschenverstand sie überhaupt erfassen kann – in einer Tiefe und Breite wie nie zuvor. Damit diesmal nicht erneut Fälschungen vorgenommen werden können, soll das ganze übermittelte Wissen vor dem Zugriff durch äußere Religionen geschützt und zentral im „Zelt Gottes unter den Menschen" aufbewahrt werden. (Wie sehr beispielsweise die katholische Kirche auch in unserer Zeit noch um die Verhinderung von Wahrheit und damit um Verschleierung bemüht ist, zeigt ihr Verhalten bei den Bemühungen um Aufklärungen des Missbrauchs an Kindern durch Priestermänner.)

Von diesem zentralen Aufbewahrungsort aus kann jeder Interessierte jedes beliebige Detail erfahren.

Wenn ich mit meinen Schriften zur Verbreitung dieser Wahrheiten aus dem Ewigen Sein beitragen möchte, so folge ich einem inneren Antrieb. Stets verweise ich auf die Originalschriften und beschränke mich deshalb mit wörtlichen Zitaten auf das nach unserem Recht Mögliche. Dort, wo ich Inhalte mit meinen Worten sinngemäß wiedergebe, geschieht das in der Hoffnung, beim Leser Interesse zu wecken, die Texte im Original zu lesen. Warum? Wir Menschen nehmen alles nur unserem derzeitigen Bewusstsein entsprechend auf, so geben wir es auch weiter. Platt ausgedrückt: Wir sehen alles nur durch unsere eigene Brille. So können bei jeder indirekten Wiedergabe von Inhalten, völlig ungewollt, Veränderungen auftreten, die der Empfänger wiederum nur durch seine eigene Brille aufnimmt. Es ist allgemein bekannt, wie unterschiedlich oft ein und derselbe Text aufgenommen und ausgelegt wird. Nicht selten entstehen daraus Streit und Feindschaft.

Doch kehren wir zurück zu dem Geschehen vor 2000 Jahren. Was sich damals mit dem Erlösungsgeschehen im Geistigen zugetragen hat, übersteigt alle Vorstellungskraft des Menschenverstandes. Aus der menschlichen Erfahrungswelt ist nichts Vergleichbares bekannt.

Bei Seinem „Vollbracht" auf Golgatha, löste Christus einen großen Teil seines eigenen geistigen Erbes aus und pflanzte es in alle Seelen ein, die sich durch ihren Abfall von Gott (Engelsturz) belastet hatten. Durch diese Belastung war deren Lebensenergie so weit aufgebraucht, dass ihre Auflösung drohte. Durch diese „Energieübertragung" war der weitere „Fall", die weitere Degeneration gestoppt. Was man bis dahin als Fallbereiche bezeichnen konnte, wandelte sich nun in Reinigungsbereiche für alle Seelen um.

Durch die Übertragung des Erlöserfunkens wurde die Seele gestützt und konnte nicht mehr weiter fallen. Keinesfalls aber waren durch diese Stütze alle Belastungen von der Seele genommen, die sie sich im Verlauf des Falls durch ihr Verhalten gegen die göttlichen Gesetze selbst auferlegt hatte.

Das Wort „Reinigungsbereiche" oder Reinigungsebenen, drückt bereits aus, dass in diesen Bereichen – auch als Aufstiegsbereiche bezeichnet – eine Reinigung der Seele von ihren Belastungen erfolgt. Diese Reinigung kann für die Seele, je nach Größe ihrer Belastung, sehr schmerzhaft sein und sich über unvorstellbare Zeiträume (Äonen) hinziehen. Um dies zu erleichtern und zu verkürzen, ließ Gottvater die Bildung der Materie mit der Hervorbringung der Menschenkörper zu. Damit war eine Seele während einer Inkarnation die (riesige) Möglichkeit gegeben, in der Kürze dieser Zeit, Riesenlasten von der Seele zu nehmen. Aber nicht wie automatisch oder „allein durch den Glauben", sondern ausschließlich nach dem Lebenswandel des Menschen in Gedanken, Worten und Taten. „Wer meine Rede hört und sie t u t, ist ein kluger Mann ..."

Der Klarheit wegen sei noch einmal wiederholt und zusammengefasst: Im Erlösungsplan war vorgesehen, dass die im Geschlecht Davids inkarnierten Geistwesen über Generationen hinweg das Volk Israel so hätten vorbereiten sollen, dass Jesus bei Seinem Erdengang der Weg bereitet war, um die Errettung für alle Gefallen zu bringen. Das war gescheitert, weil alle, die mit in diesem Auftrag standen, sich in der Welt so verstrickt hatten, dass sie nicht mehr um ihre Aufgabe wussten.

Dies wäre auch für die Zukunft unmöglich geworden. So übernahm Jesus an jenem Gründonnerstag die Schuld derer aus dem Geschlecht Davids auf sich, damit diese für die Zukunft (so auch heute wieder), ihrem gegebenen Versprechen nachkommen können, am Aufbau des Friedensreiches mit zu wirken. Bis dahin war Jesus ohne Schuld und somit nach dem Kausalgesetz für die Gegenseite nicht angreifbar gewesen. Nach dieser Schuldübernahme jedoch wurde Er „sichtbar". Durch Seine Ermordung hatte Er die Schuld derer aus dem Geschlecht Davids getilgt, die damit für die Zukunft wieder frei geworden waren, um in künftigen Generationen ihre einstigen Versprechen zu erfüllen.

Eindeutig sagt Jesus heute, mit Seinem Kreuzestod habe Er nicht die Sünden aller Seelen und Menschen auf sich genommen und schon garnicht künftige, erst noch zu begehende. Wozu hätte Er dann die Gebote Mose ausdrücklich erneuert und die Menschen noch Seine Bergpredigt lehren müssen? Das widerspricht sich ganz offensichtlich.

Prophetie und das Kausalgesetz

Im ersten Kapitel wurde bereits die oft zwiespältige Haltung der Menschen zu dem Phänomen der Prophetie erwähnt. Der Klarheit halber soll auch hierzu in dieser Schrift Näheres ausgesagt werden. Diese Klarstellungen stammen aus der Prophetie der Jetztzeit selbst und stellen damit keine Menschenmeinungen dar. Doch kann das Geschehen der Prophetie nur im Gesamtzusammenhang betrachtet und verstanden werden. Eine Grundvoraussetzung dazu ist der Glaube an Gott und Sein Reich. Weiterhin: Das Wissen um Engelsturz, Reinkarnation, Ursache-Wirkung-Gesetz, aber vor allem um die Möglichkeit jenseitiger Geistwesen, die sich den Menschen durch ein Medium mitteilen. Für viele Menschen ist dies unverständlich und sie können es nicht glauben. Es beruht aber meist auf völliger Unkenntnis jeglicher geistiger Gesetze. Um aber diese Möglichkeit den Menschen wieder nahe zu bringen, habe ich in der Schrift „Was der Mensch sät, das wird er ernten" mehrere solche Ereignisse dargestellt, in denen genau dies geschah.

Die Urgemeinden wurden durch das prophetische Wort geführt. Das war nichts anderes, als die Übermittlung von Botschaften aus der anderen Welt durch Gottes hohe Geisterwelt, über medial begabte Menschen.

Die Geister verfügen nicht über menschliche Sprechwerkzeuge und bedienen sich daher dieser Menschen. Doch die aufkommende Priesterschaft sah darin eine Konkurrenz und wollte davon nichts wissen. Die jenseitigen Stimmen respektierten den Willen der Menschen und verstummten. Radikal ausgemerzt hat die Priesterschaft alles Wissen über diesen Verkehr von Gottes Geisterwelt mit den Menschen, wie ihn Johannes Greber in „Der Verkehr mit der Geisterwelt Gottes"[5] eindrucksvoll schildert. Doch in unserer Zeit, in der Einfluss und Macht der Kirchen zunehmend schwinden, bricht sich die Wahrheit mit Macht Bahn.

In der Prophetie geschieht nun im Prinzip das Gleiche wie bei den medialen Kundgaben, nur dass es jetzt Gott selbst ist, der durch den Menschen spricht. Das ist nicht so ungewöhnlich wie es auf den ersten Blick erscheinen mag. Wenn schon alle möglichen hohen Geistwesen (aber auch niedere) durch einen Menschen reden können, warum soll dann ausgerechnet dies der höchsten Macht nicht möglich sein? Das entbehrte doch jeder Logik! Als Propheten wurden und werden Menschen bezeichnet, die sich Gott selbst als Seine Botschafter ausgesucht hat. Die in diesen Menschen einverleibten hohen Geistwesen, haben zu diesem Auftrag bereits vor der Inkarnation ihr „Ja" gegeben. In „Ein Frauenleben im Dienst des Ewigen"[8] kann nachgelesen werden, wie ein solcher Mensch - hier Gabriele - auf seine Aufgabe vorbereitet wurde.

Das Wesen der Prophetie ist nach diesen Ausführungen ein völlig anderes, als es gelegentlich gesehen wird. Dort wird die Ansicht vertreten, bei einem Propheten handele es sich um einen Menschen mit besonderer Beobachtungsgabe und analytischem Verstand, der aufgrund vorliegender, bestehender Fakten und absehbarer Tendenzen, auf ein künftiges Geschehen schließen könne.

Es soll hier nicht der Versuch unternommen werden, überzeugte Atheisten oder Materialisten vom Gegenteil zu überzeugen. Der freie Wille sollte stets geachtet werden. Es ist nur für Menschen gedacht, die nicht in dieser Richtung festgelegt sind, sondern noch offen sind für Fragen und andere Antworten. Für diese ist diese Schrift auch nur als Information und nicht als eine Mission gedacht. Frei soll der Mensch entscheiden. Alles Missionieren ist vom Übel, wie die Geschichte lehrt. Auch können die hier gegebenen Antworten nicht bewiesen werden, weil sich auch Gott nicht beweisen lässt. Doch wir werden Ihn einst wieder schauen. Alle in meinem zweiten Buch geschilderten Begebenheiten - angefangen mit den mysteriösen Geschichten um Swedenborg - sind keine Beweise, aber starke Indizien an denen man nicht so einfach vorbeikommt. Mich jedenfalls haben sie mehr als nur nachdenklich gestimmt. Sie führten mich zu der Einsicht in die Existenz einer unseren menschlichen Sinnen nicht direkt zugänglichen Welt. Manche nennen sie auch das Jenseits.

Woher konnte Swedenborg wissen, wo sich die Quittung des Goldschmiedes für das Silberservices befand? Woher konnte Swedenborg die Informationen erhalten haben über den Inhalt der Gespräche jenes Kaufmannes aus Elberfeld mit dessen inzwischen verstorbenem Freund? Wie war es möglich, dass Swedenborg, während er auf einer Gesellschaft in Göteborg weilte, gleichzeitig den Verlauf einer Feuersbrunst im entfernten Stockholm sehen und so genau beschreiben konnte, wie es sich einige Tage später bewahrheitete, als die Nachricht aus Stockholm eintraf?

Wie war es Edgar Cayce möglich, sich mit einem Professor für Altgriechisch in dieser Sprache zu unterhalten, die er mit seiner nur sechsjährigen Grundschulausbildung nie gelernt hatte? Woher bezog Cayce die genauen Informationen für Diagnose und Therapie von Patienten, die er nie persönlich kennengelernt hatte, deren Namen ihm nur von Ärzten mitgeteilt wurden, weil sie selbst diesen Patienten nicht mehr helfen konnten? Die Anfeindungen seitens der Ärzteschaft waren groß und er wurde wegen Betrugs und unberufener Ausübung des Arztberufes festgenommen. Doch seine Erfolge konnten nicht geleugnet werden, so dass schließlich alle Kritik verstummte.

Ein ähnliches Sprachphänomen wie bei Cayce, zeigte sich Anfang des 20. Jahrhunderts bei Therese Neumann, bekannt auch als Therese von Konnersreuth. Immer freitags durchlebte sie die Passion Christi und dabei zeigten sich dessen blutende Wundmale an Händen, Füßen und Brust. Während dieses Zustandes sprach sie in einer fremden Sprache, die von Prof. Bauer, einem Fachmann für semitische Sprachen, eindeutig als altaramäisch identifiziert wurde, der Sprache Jesu. Wie war solches möglich, wo doch Therese außer ihrem bayrischen Dialekt keine weitere Sprache erlernt hatte?

Sehr gekürzt sind aus der Fülle solcher außersinnlicher Erscheinungen hier nur diese wenigen Fälle erwähnt worden. Alles ist hinreichend durch Zeugen, teils durch Wissenschaftler mit kritischem Verstand, belegt. Wer sich ernsthaft und unvoreingenommen mit dieser Thematik auseinandersetzt, muss fast zwangsläufig zu der Einsicht gelangen, dass die Möglichkeit menschlicher Wahrnehmung über die physischen Sinne und den Verstand eine sehr eingeschränkte ist. Deshalb stimme ich vollkommen mit Pascal überein, der sinngemäß verlauten ließ: „Ein Mensch, der noch nicht zur Begrenztheit menschlicher Einsicht gelangt ist, sei auf dem Wege zur Erkenntnis noch nicht weit vorangekommen".

Viele Menschen haben offene Fragen, die ihnen die materialistische Weltsicht nicht beantworten kann. Mit den Antworten der Theologen geben sich die meisten auch nicht mehr zufrieden. Oft schon bin ich gefragt worden, warum Gott es zulasse, dass mancher ein so hartes Schicksal erleiden müsse, während ein anderer lebenslang von allem Übel verschont bliebe. Oder wieso überhaupt so viel Leid und Trübsal auf der Erde existiere. Hierzu bestehen sehr unterschiedliche Ansichten - Menschenmeinungen. Widerfährt jemandem ein Unglück oder erleidet er eine schwere Erkrankung, so sehen manche darin eine Strafe Gottes. Dann wäre er aber ein Gott der Willkür, der ohne erkennbaren Grund dieses Leid zufügt. Andere sagen, es sei Zufall. In dem Gesetz von Ursache und Wirkung ist aber kein Zufall vorgesehen. Das ist im Bereich der Naturwissenschaften unstrittig. Wird jedoch dieses für wissenschaftliche Forschung nicht mehr zugängliche Gebiet betreten, soll das Gesetz nicht mehr gelten? Welcher Grund wird hierfür angeführt? Keiner! Es gibt keinen Grund!

Soll eine Glühbirne zum Leuchten gebracht werden, dann muss der Schalter am Stromkreislauf umgelegt werden. Ursache und Wirkung sind offensichtlich.

Aber da überfährt jemand bei Grün eine Straßenkreuzung, ein anderer jedoch missachtet diese Vorfahrt und fährt, obwohl die Ampel für ihn auf Rot stand, in den Vorfahrtberechtigten hinein. Der wird dabei schwer verletzt. Die äußere Ursache für den Unfall ist eindeutig. Aber warum widerfährt hier dem augenscheinlich unschuldigen Verkehrsteilnehmer dieses

Leid? Er hat es doch nicht verursacht? Der andere hat die Schuld! Den Unschuldigen hat es „zufällig" getroffen. So stellt sich dieser Unfall der menschlichen Sichtweise dar. Kein Mensch kann eine Ursache ableiten, die in diesem Menschen selbst begründet wäre und Auslöser des Unfalls wurde. Nach geltenden weltlichen Regeln war der Betroffene unschuldig.

Doch nun kommen diese Boten aus der anderen Welt und sagen, nein, die Sache sei nicht so einfach, wie der Mensch sie sehe. Das ganze Leben des Menschen unterläge dem Gesetz von Ursache und Wirkung. Paulus nannte es „Was der Mensch sät, das wird er ernten.", Gal 6,7. Die Weisen Indiens wussten bereits vor Jahrtausenden davon und nannten es Karma. In den Naturwissenschaften wird es bisweilen auch „Aktion gleich Reaktion" genannt, bezieht sich hier aber nur auf materielle Erscheinungen.

Über dieses universelle Gesetz gibt es inzwischen umfangreiche Literatur.

Den Menschen trifft nur das, was er einst selbst verursacht hat und sei es in früheren Inkarnationen gewesen. Es muss ihn nicht das gleiche Schicksal treffen, das er anderen zugefügt hat, aber die gleiche Schwere des Ereignisses. Es ist also nicht so, dass Menschen hier auf der Erde nach Belieben ihren Mitmenschen Schaden und Leid in mannigfaltiger Form zufügen könnten. Selbst wenn sie dabei nicht erkannt und gefasst werden

und den weltlichen Gerichten entgehen, bleibt alle
Schuld bestehen. Alle Lebensäußerungen des Menschen in Gedanken, Worten und Taten sind Energien
und bleiben nach dem Energieerhaltungssatz bestehen.
In Gottes vorgesehenen Speicherungsmöglichkeiten
wird alles genauestens registriert. Einer Seele ist es
nach ihrer Entkörperung im Jenseits nicht möglich,
irgendeine gegensätzliche Handlung abzustreiten.
Alles kann ihr „vorgespielt" werden, als würde ein
Film ablaufen. So können ihr auch ihre einstigen gehäs-
sigen Gedanken gezeigt werden. Entsprechende
Berichte sind zum Beispiel in den Kundgaben durch
Beatrice Brunner zu lesen.

Die vom Menschen gesetzten Ursachen müssen aber
nicht erst irgendwann in einer künftigen Inkarnation
auf ihn zurückfallen. Das kann auch noch in derselben
geschehen. Auf jeden Fall beginnt sich diese Wirkung
sogleich zu entfalten, wenn die Seele in der jenseitigen
Welt ihre „geistigen Augen" geöffnet hat. Dies wird
sofort deutlich durch den „Empfang" in der anderen
Welt, der, je nachdem wie der Mensch gelebt hat, sehr
unterschiedlich ausfällt. Ein bösartiger Mensch, der auf
der Erde viel Unheil angerichtet hat, wird nicht eben
freundlich empfangen. Auch hierüber gibt es bei Brunner in „Geistige Welt", zahlreiche Einzelschilderungen.
Die Seele erleidet nun an ihrem geistigen Leib das gleiche Leid, das ihr Mensch auf der Erde anderen zufügte.
Je nach der Schwere der Vergehen könnte dies „Höllen-

qualen" gleich kommen, heißt es. Dagegen gäbe es dort auch keinerlei schmerzstillende Mittel, wie hier auf der Erde. Die Seele muss es abtragen. Doch stets stehen auch diesen schwer belasteten Seelen, geistige Helfer zur Seite. Ihre Last können sie jedoch nicht übernehmen. Es wird beraten und abgewogen, ob es für die Seele einfacher sein könnte, bald in eine neue Inkarnation zu gehen. Dann könnte sie dort die Wirkung treffen. Nun sagt die Prophetie der Jetztzeit hierzu folgendes: Eine auf der Seele lastende Schuld muss nicht zwangsläufig immer zur Wirkung kommen. Durch ein gottbewusstes, gottgefälliges Leben, durch Erkennen, Bereuen und Wiedergutmachung begangener Fehler - soweit dies noch möglich ist - können Seelenbelastungen teilweise oder ganz aufgehoben werden. Dies nennt sich der „Weg der Bereinigung", der heute gelehrt wird. Jedoch muss hierzu wieder einschränkend gesagt werden, dass Gott nur dort vergeben kann, wo auch die einst Geschädigten, dem Verursacher vergeben haben. Dies hat wiederum mit dem freien Willen der Betroffenen zu tun, in den Gott nach seinem eigenen Gesetz nicht eingreift.

Nach Jesu Erlösertat wurden die bisherigen Fallebenen in Aufstiegsebenen umgewandelt, auch Reinigungsebenen genannt. Hier geschieht nichts nach Willkür, sondern alles gesetzmäßig nach göttlicher Ordnung. Auch wenn stark belastete Seelen hier Schmerzen an ihrem Seelenleib ertragen müssen, werden sie doch liebevoll in ihrem Aufstieg begleitet. Dies ist kein Widerspruch. Ich habe versucht, mir diese Situation menschlich-irdisch an einem Vergleich zu verdeutlichen: Verbrenne ich mir die Hand an einer heißen Herdplatte, dann habe ich den daraus folgenden Schmerz zu erleiden. Ich habe ihn selbst verursacht und muss ihn nun ertragen, bis er langsam abklingt. Der Schmerz ist somit keine Strafe, die mir jemand anderes zufügt. Bei einem Brand dauert das lange. Jedoch können wir hier schmerzstillende Mittel dagegen einnehmen - dort geht das nicht.

Wüssten die Menschen um die Tragweite des Ursache-Wirkung-Gesetzes, würden sie achtsamer mit ihrem Leben und dem ihrer Mitmenschen umgehen. Zu wissen, alles Böse, das ich aussende, trifft mich irgendwann selbst wieder, mag zunächst erschrecken, macht jedoch im nächsten Schritt wachsam und achtsam.

Das Missverständnis von Jesu Opfertod war arglistige Täuschung und hält die Menschen gefangen im Rad der Wiedergeburt und damit in viel Leid und Schmerz. Wir sehen, das Erdenleben birgt in sich Gefahren (der Belastung) und Chancen (der Bereinigung) zugleich.

In zahlreichen Offenbarungen wurde das Wirken des Kausalgesetzes offenbart. Entsprechende, umfangreiche Literatur ist im „Gabriele-Verlag Das Wort" erhältlich.

Damit wären wir wieder bei der Prophetie. Nur auf diesem Wege konnten dem Menschen die Informationen gegeben werden über den Sinn seines Erdenlebens und viele damit verbundene Fragen, wie sie teils in dieser Schrift dargelegt und beantwortet wurden. Niemals wäre Menschenverstand aus sich heraus dazu in der Lage. Doch Gott wollte Seine gefallenen Kinder nicht allein und damit in völliger Unkenntnis und Dunkelheit lassen. Viel lieber hätte Er sie schon heute als erst morgen wieder bei sich in Seinem Reich. Wenn Er allmächtig sei, müsse es Ihm doch möglich sein, uns alle sofort zurückzuholen, bin ich auch schon gefragt worden. Doch wie wir schon gesehen haben, ist das nicht so einfach möglich. Er ist kein Gott der Willkür, sondern ein Gott der Liebe und Gerechtigkeit. Das aber erfordert Ordnung und Gesetz. So kann die Rückführung aller Gefallenen auch nur im Rahmen dieser göttlichen Gesetze geschehen, die Gott selbst nicht aufheben kann, es sei denn der ganze Himmel geräte ins Wanken. Ein Teil der himmlischen Wesen hatte sich von Gott abgewandt und war Luzifer gefolgt. Diese Abwendung von Gott war unser allererster Verstoß gegen bestehende himmlische Gesetze, wir können es auch die allererste Sünde nennen. Nach dem Auszug aus dem reinen Sein, auch als Himmel bezeichnet, nahmen die Zuwiderhandlungen der Gefallenen zu. Hierdurch verschattete sich der einst reine Geistleib und wurde zunehmend undurchlässiger für Gottes allgegenwärtiges, alles durchdringendes und alles erhaltende Licht - die Urenergie. Hierdurch wussten die Fallwesen bald nichts mehr davon, woher sie ursprünglich kamen und wer sie in Wahrheit waren. Weiß irgendein Mensch etwas davon? Dass diese Verschattungen des reinen Geistleibes nur vom Verursacher selbst wieder rückgängig gemacht werden können, scheint so gesetzlich vorgegeben - auf der Erde würden wir naturgesetzlich dazu sagen. Um Seine gefallenen Kinder über alles aufzuklären, sandte der Ewige zu allen Zeiten immer wieder Seine Propheten.

Was diese hohen Geistwesen aus dem Reich Gottes damit auf sich nahmen, ist für uns Menschen nicht zu verstehen. Aus Liebe zu ihrem himmlischen Vater und zu ihren gefallenen Geschwistern verließen sie die Schönheit ihrer ewigen Heimat. Sie ließen ihre geistigen Familien zurück, auch ihre Geistduale und nahmen das schwere Schicksal auf sich, in einem materiellen Körper hier auf Erden zu leben mit allen Beschwernissen, die damit verbunden waren. Für sie galt nun wie für jeden Menschen: Die Fülle des ewigen Seins hatten sie verloren und mussten „im Schweiße ihres Angesichtes" ihren Lebensunterhalt erarbeiten. Sie unterlagen nun dem Kausalgesetz und konnten ihre Seele belasten, wie es bei dem Geschlecht Davids geschehen war. Über das Wirken der Propheten aller Zeiten haben die Autoren Holzbauer, Potzel und Schulte das Wesentlichste, was die heutige Prophetie dazu übermittelte, in dem Werk „Das Kettenopfer"[7] zusammengefasst. Von Anbeginn waren in Gottes Rückführungsplan, neben Christus, dem Mitregenten des Reiches Gottes, auch die sieben Cherubim und deren Geistduale, die Seraphim beteiligt. Alle hatten sie das Opfer der Menschwerdung auf sich genommen, um Gott zu dienen. Seit dem Jahre 1933 ist der „Seraph der Göttlichen Weisheit" in einem Menschen mit Namen Gabriele einverleibt. Seit den siebziger Jahren des vergangenen Jahrhunderts offenbaren sich durch diese Frau, die Gott selbst Seine Prophetin nennt, GottVater, Christus und einige weitere aus dem höchsten Himmel.

Als erster wäre zu nennen der „Cherub der Göttlichen Weisheit", der sich den Menschen als Bruder Emanuel vorstellte. Wie er zu erkennen gab, ist das in Gabriele inkarnierte Geistwesen der „Seraph der Göttlichen Weisheit", sein Geistdual im ewigen Sein, das er während deren Erdenreise begleitet und beschützt. Wenn man diese einfache, bescheidene Frau kennengelernt hat, kann man das alles nicht verstehen. Beide, sie im Erdenkleid und er vom Geiste her, wirken heute verantwortlich am Aufbau des Friedensreiches. Dieser selbe Cherub, der sich den Menschen heute als Emanuel zu erkennen gibt, war vor etwa 2 800 Jahren in dem großen Gottespropheten Jesaja einverleibt. In Hiob war einverleibt der „Cherub der göttlichen Geduld"; in Abraham der „Cherub des Göttlichen Ernstes", in

Moses der „Cherub des Göttlichen Willens", um nur einige zu nennen. Bekannt wurde dies alles erst durch die heutige Prophetie. Den Höhepunkt in dieser Reihe bildete die Menschwerdung Christi in Jesus.

Gott hatte die Bildung der Materie zugelassen, aus der sich letztendlich die Menschenkörper bilden konnten, als stärkste Verdichtung der gefallenen Engel. Zwar bestand in einem Erdenleben die Gefahr der weiteren Seelenbelastung, andererseits aber auch die große Chance der Befreiung von vorhandener Last. So könnte in einem einzigen Erdenleben eine Last von der Seele genommen werden, wozu es in der geistigen Welt, Äonen bedürfte. Dieser ganze Aufstieg der Seele konnte aber wirklich erst nach Christi Erdengang einsetzen. Der war von Anbeginn an vorgesehen, nachdem der Fall sich ereignet hatte, lange bevor Gott die Materie schuf. Damit die Erdenreise der Seele auch zu dieser erwünschten Befreiung führte, mussten die Menschen aber erst über alles aufgeklärt werden. Infolge ihrer Seelenverschattung hatten sie keinerlei Kenntnisse mehr über ihre wahre Herkunft, ihr Menschsein usw. Auch mussten sie belehrt werden über alle geistigen Gesetze. Denn nur eine Lebensführung nach diesen Gesetzen barg in sich die Chance der Befreiung.

Es lässt sich ermessen, welch fatale Folgen die Verbreitung von falschen Lehren für den Aufstieg der Seelen hatte. Die angebliche Heilsnotwendigkeit der katholischen Kirche war in Wahrheit Teufelswerk. Nach meinen Recherchen und Einsichten muss ich das so drastisch ausdrücken. Sie bewirkte für die Seelen Verbleib im Rad der Wiederverkörperung und allem damit verbundenen Leid.

Warum ist das so?

In der vorn erwähnten Begegnung zwischen Swedenborg und jenem Kaufmann aus Elberfeld, sagte Swedenborg u.a. diesem Kaufmann auch, dass die Seele alle Vorstellungen, die der Mensch einst hegte, mit hinüber nimmt. Entsprechen diese Vorstellungen des einstigen Menschen nun der Wahrheit, erweisen sie sich für den weiteren Weg der Seele als hilfreich. Basieren diese Vorstellungen hingegen auf Irrlehren, bilden sie ein großes Hindernis für den Aufstieg der Seele. Die Seele wird falsche Vorstellungen nicht so leicht los und plagt sich lange damit, so Swedenborg. Diese Feststellung deckt sich durchgängig mit allen von mir erforschten Kundgaben, bei Jakob Lorber, Johannes Greber, Beatrice Brunner. Durch die Prophetie der Jetztzeit werden auch die letzten Zweifel ausgeräumt. Gabriele sagt es mit einfachen Worten: „Wie der Baum fällt, so bleibt er liegen."

Lieber Leser, je nachdem wie stark Sie noch an eine Kirche gebunden sind, könnten Sie noch die Ansicht vertreten, dass doch zumindest am Grabe eines Verstorbenen, ein „richtiger" dazu Berufener, also ein

Priester, die passenden Worte sagen muss. Für die Seele könnte dies irgendwie wichtig sein. Aus Sicht dieser Zunft, ist eine solche Einstellung der Menschen verständlicherweise wünschenswert, so wird es ihnen ja eingeredet. Glauben Sie all solchen Märchen kein Wort. An den genannten Fakten ändern alle diese als noch so heilsnotwendig hingestellten Gnadenakte einer Kirche nicht das Geringste.

Muss es nicht sehr nachdenklich stimmen, dass bei Jesu Grablegung kein Priester anwesend war?

Für Menschen, die der Kirchenlehre verhaftet waren, Jesu sei für ihre Sünden gestorben und sie würden nach dem Leibestot sofort in den Himmel eingehen, gibt es nach dem Erwachen in der anderen Welt eine böse Überraschung. Beim Bilanzziehen, dem sogenannten Gericht - das fälschlich auf ein viel späteres Jüngstes Gericht verschoben wurde - wird alles genauestens gewogen. Alle Lebensäußerungen des einstigen Menschen in Gedanken, Worten und Taten sind in der Seele verzeichnet und kommen in die Waagschale. Durch keinen einzigen Gnadenakt einer Kirche ist daran das Geringste zu ändern. Auch das sonntägliche Halleluja-Singen in der Kirche erweist sich als völlig nutzlos, wenn dieser Mensch die ganze Woche über gehässige Gedanken gegen seinen Nachbarn hegt. Die bleiben, die sind als Negativenergien gespeichert und fallen nach festen kosmischen Gesetzen auf den Verursacher zurück.

Wie es einer entkörperten Seele nun ergeht, das hängt ganz vom Lebenswandel des einstigen Menschen ab und wie weit dieser die Gebote Gottes und die Lehren des Jesus l e b t e!

Um den Menschen nun das notwendige Licht in ihre Dunkelheit zu bringen, sandte der Ewige immer wieder Seine Boten aus dem Ewigen Reich.

Als erbitterte Feinde dieser Gottesboten erwiesen sich zu allen Zeiten die Priester. Warum das so ist, kann erst durch die heutige Prophetie wirklich verstanden werden und wird in „Das Kettenopfer"[7] dargestellt.

Wie erwähnt bestand durch die zunehmende Energiearmut der Fallwesen die Gefahr der Auflösung. Jesus der Christus übertrug bei Seinem „Es ist vollbracht", jedem Gefallenen eine Teilkraft Seiner Urkraft als sogenannter „Erlöserfunken" und hatte damit das Fallgeschehen gestoppt und die Gottesschöpfung gerettet. Ein großer Teil der zutiefst Gefallenen gab jedoch den Kampf zur Auflösung nicht auf. Sie versuchten und versuchen weiterhin alles zu zerstören, was Gottes Schöpfung in sich trägt. Sie waren und sind immer noch die wahren Gegenspieler der Propheten. Viele von ihnen inkarnieren, um im Erdenkleid gegen alles Göttliche zu kämpfen oder sie beeinflussen vom Geiste her durch sogenannte „Einflüsterungen" Menschen, die hierfür empfänglich sind, damit diese in ihrem Sinne hier auf Erden größtmögliches Chaos anrichten. Was ihnen auch offensichtlich gelingt, wenn man sich den Zustand dieser Welt anschaut. Die Priesterschaft des Gottes Baal - ein Synonym für die Vielgötterei - habe stets im Sinne der niederen Geisterwelt gewirkt, heißt es heute.

Die Propheten kamen stets im Auftrag Gottes und hielten sich an Seine Gebote wie Nächstenliebe und Gewaltlosigkeit, sie respektierten auch immer den freien Willen. Nach Überlieferungen im Alten Testament, lehnten sie sogar dort jede Gewaltanwendung ab, wo es zur eigenen Sicherheit geboten schien. Wie später Jesus, lehrten sie Wahrheiten aus dem Himmel und lebten als Vorbilder. Die Priesterschaft aller Zeiten missachtete hingegen alle elementaren göttlichen Gesetze. Nie hat sie den freien Willen der anderen geachtet, sondern ist mit allen Mitteln, d.h. eben auch mit Gewalt bis hin zum Mord, gegen Andersdenkende vorgegangen. Kann eine solche Priesterschaft dann im Dienste Gottes gestanden haben? Mit Sicherheit nicht! Wieder: Auf welcher Seite stand sie dann?

Immer drohte dem System Baal, also der Herrschaft der Priester, die größte Gefahr von Gottes Boten. Diese Gegnerschaft oder besser gesagt Feindschaft, spiegelt sich auch in den zahllosen Widersprüchen, die in dem heiligen Buch der Kirchen, vor allem im Alten Testament, sichtbar werden.

Von den Widersprüchen zwischen den Lehren des Jesus und der Kirchenlehre seien hier nur wenige genannt. Dabei weiß niemand wirklich, was von den in der lateinischen Bibel stehenden Übermittlungen der Wahrheit entspricht. Wie bereits angeführt, schrieb Hieronymus selbst dazu, er habe 383 bei der Zusammenstellung dieser Bibel manches weggelassen, hinzugefügt oder geändert. Was soll man davon halten?

Das ist dem Volk aber als Gottes reines Wort verkauft worden.

Aufschluss gibt einzig ein Werk der heutigen Zeit.[3]

Da wäre die völlige Gewaltlosigkeit zu nennen, die Jesus lehrte und vorlebte. Im Gegensatz dazu segnen die Kirchen die Waffen, zettelten selbst Kriege an und riefen dazu auf. Erläuternd muss hierzu folgendes gesagt werden: Nach dem Gesetz von Ursache und Wirkung, trifft den Menschen nur das, was er einst selbst versucht hat und sei dies in früheren Leben gewesen. Tötet jemand z.B. in der sogenannten Notwehr einen anderen, setzt er damit eine neue Ursache, deren Wirkung ihn selbst wieder treffen wird. Das Gesetz von Ursache und Wirkung kennt keine Notwehr. Hätte der Betreffende sich nicht gewehrt und wäre dadurch selbst umgekommen, wäre dann wahrscheinlich eine Seelenschuld bei ihm ausgeglichen worden. Was dabei mit dem anderen weitergeschieht ist wieder etwas anderes und betrifft nur diesen. Jedenfalls auf dem Wege von Vergeltung, von Notwehr usw. findet niemand aus dem Rad der Wiederverkörperung heraus. Es werden immer wieder neue, gegensätzliche

Ursachen gesetzt. Deshalb Jesu Gebot von der Vergebung: „… wie auch wir vergeben unsern Schuldigern“. Nahezu 2.000 Jahre wird dies nun schon ganz offensichtlich gedankenlos gebetet - oder sollte ich besser sagen geplappert? In der Welt wird nur davon nichts sichtbar. Statt dessen Vergeltung, Rache, Zurückschlagen - und sei es nur in Gedanken.

Die Nächstenliebe predigen sie zwar in ihren Sonntagsveranstaltungen von den Kanzeln herunter dem gemeinen Volk - selbst aber taten sie das Gegenteil. Statt zu dienen, wie es Jesus gebot, haben sie das abhängige Volk unterdrückt und ausgebeutet, um selbst ein unbeschwertes Leben führen zu können. In ihren Bischofssitzen und gar in Rom, lebten sie wie Könige. Geriet jemand nur in den geringsten Verdacht des Zweifels an ihren Irrlehren oder ihrer Lebensweise, so war er in Zeiten der Inquisition unrettbar verloren. Lebendig verbrannt, ausgeweidet, gepfählt, gevierteilt. Die krankhafte Phantasie dieser frommen Männer übersteigt das Fassungsvermögen eines unverbildeten Menschen. Man muss hierzu in den „Hexenhammer“ des Mönches Heinrich Kramer hineingeschaut haben. Angeblich alles zum Heil der Seelen. Mit wem dieser Religionskonzern in Wahrheit im Bunde stand - und damit noch steht - darüber bestehen angesichts ihrer Taten keine Zweifel.

Die ganze Bibel wurde dem unwissenden Volk zu allen Zeiten als das unverfälschte Wort Gottes verkauft und sollte durch die Bezeichnung „Heilige Schrift" unantastbar gemacht werden. Es bedurfte nicht erst der kritischen Bibelforschung unserer Zeit, um diese Behauptung als Lüge zu entlarven. Eine kritische Durchsicht, besonders des Teiles, der als Altes Testament bezeichnet wird, zeigt eine Fülle von Widersprüchen auf, wohingegen Gott mit Sicherheit widerspruchsfrei ist. Er ist derselbe gestern, heute und morgen.

In „Lexikon der Bibel", Fritz Rienecker, 1988, S. 375, ist zu lesen: „Nach jüdischer Überlieferung hat (der Priester) Esra das mosaische Gesetz, das beim Untergang Jerusalems 586 vor Christi verbrannt sein soll, neu geschrieben." Die Perser hatten durch einen Sieg über Babylon die babylonische Gefangenschaft des Volkes Israel beendet und deren Heimkehr ermöglicht. Esra war Priester am persischen Hof und veranlasste den Wiederaufbau des Tempels von Jerusalem. Dies geschah gegen eine klare Aussage des Propheten Jesaja: „So spricht der Herr. Der Himmel ist mein Thron und die Erde der Schemel meiner Füße! Was ist denn das für ein Haus, das ihr mir bauen könntet!" (Jes 66,1-2). Dieses „Haus" sollte ja auch nicht Gott dienen, sondern wurde erbaut, ausschließlich zum Nutzen und Wohl einer Priesterschaft. Alle überlieferten Unterlagen waren verbrannt. Nun hatten es die Priester in der

Hand, mit ihrem Lügengriffel alles so zusammenzuschreiben und zu ändern, wie es ihren Interessen entsprach. Von dieser Möglichkeit machten sie denn auch umfänglich Gebrauch. So ist bei 5. Mo 17,12 sinngemäß zu lesen: „Wer dem Priester nicht gehorcht, soll des Todes sterben". Welche Machtfülle hatten sich die Priester damit selbst zugesprochen! Uneingeschränkte Macht über das Volk. Von Gott angeblich so gewollt! Oder 3. Mo 17,1-4: „Und der Herr redete mit Mose und sprach: Sage Aaron und seinen Söhnen und allen Israeliten und sprich zu ihnen: Dies ist, was der Herr geboten hat. Wer aus dem Haus Israel einen Stier, ein Schaf oder eine Ziege schlachtet, im Lager oder draußen vor dem Lager, und sie nicht vor die Tür der Stiftshütte bringt, dass sie dem Herrn zum Opfer gebracht werde vor der Wohnung des Herrn, dem soll es als Blutschuld angerechnet werden: Blut hat er vergossen, und ein solcher Mensch soll ausgerottet werden".

Vor die Stiftshütte bringen, soll heißen, dem Priester bringen. Hier wird die ganze Machtfülle der Priester deutlich - bei Todesandrohung.

Damit wurden Moses Aussagen unterschoben, die er als wahrer Gottesprophet niemals gesagt haben kann. Dass Moses ein solcher Prophet war, wird durch die Prophetie der Jetztzeit klargestellt. Gleichzeitig wird offenbart, dass alle diese wahren Propheten niemals Aussagen gegen Gottes Gesetz getroffen haben. Dagegen triefen die fünf Bücher Moses nur so von Blut.

Hiernach hat Gott die Israeliten zahllose Mal dazu aufgefordert, diese oder jene Stadt anzugreifen und alles zu töten, was sie vorfinden. In manchen Fällen sollten nur die Jungfrauen verschont bleiben, die sich die Israeliten zur Frau nehmen sollten, 4. Mo 31,17. Niemals, so heißt es heute, hat Gott zu Gewalttaten oder gar zum Töten aufgefordert. Alle Propheten standen in einer Linie mit Jesus, dem Christus und sollten Ihm den Weg vorbereiten. Alle lebten sie, wie später auch Jesus, die vollkommene Gewaltlosigkeit vor. Die Prophetie der Jetztzeit deckt unwiderlegbar und in sich schlüssig auf, warum die Priesterschaft aller Zeiten diese Gottesboten bekämpfte. Auch wenn sie Gottes Wort im Munde führten, so dienten sie den Gegensatzkräften. Mit der Verfolgung und Ermordung der meisten dieser Boten, bekämpften sie in Wirklichkeit Gottes Gesetze und damit Gott!

Manche ihrer (der Priester) Einlassungen lesen sich denn auch gerade zu wie eine Verspottung Gottes. Nach 1. Mo 2,22 schuf Gott den Menschen zunächst nur als Mann. Danach erst sollte Er festgestellt haben, dass es für diesen nicht gut sei, allein zu sein. Er ließ den Mann in einen tiefen Schlaf fallen, entnahm ihm eine Rippe und „baute" daraus das Weib. Diese Darstellung kommt einer Lächerlichmachung Gottes gleich. Gleichzeitig konnte man hieraus die stets praktizierte Vorherrschaft und Überlegenheit des Mannes gegenüber der Frau ableiten.

Klar hatte sich Jesus gegen das Priestergesetz 3. Mo 24,20 ausgesprochen: „Und wer seinen Nächsten verletzt, dem soll man tun, wie er getan hat, Schaden um Schaden, Auge um Auge, Zahn um Zahn". Dagegen lautet Jesu Gebot eindeutig von der Vergebung, weil nur so der Mensch aus dem Rad der Wiederverkörperung herausfindet. Doch diese Begründung wurde später von einer neu entstehenden Priesterschaft nicht in das Neue Testament aufgenommen.

Bei 3. Mo 20,10 ist zu lesen: „Wenn jemand die Ehe bricht mit der Frau seines Nächsten, so sollen beide des Todes sterben, ...", angeblich auch wieder so von Gott angeordnet. Dagegen sprach Jesus, als die Schriftgelehrten und Pharisäer ihm eine Frau brachten, die Ehebruch begangen hatte, Jh 8,7: „Wer ohne Sünde ist, der werfe den ersten Stein". Sie hatten ihn versuchen wollen, weil Mose in diesem Fall die Steinigung vorgesehen hatte. Auf Jesu Antwort hin gingen sie schweigend davon. Zu der Frau sagte Jesus: „Gehe hin und sündige hinfort nicht mehr".

Angeblich hatte Gott durch Mose noch weitere Grausamkeiten gefordert. Wer Gott lästert, der soll vom Volk gesteinigt werden, 3. Mo 24,16. Ebenso soll gesteinigt werden, wer den Sabbat schändet, 4. Mo 14,35.

Auch von den zahlreichen Widersprüchen können hier nur einige wenige aufgeführt werden. In 3. Mo 17 finden sich genaue Vorschriften für die Darbringung der Schlachtopfer zum „... lieblichen Geruch für den

Herrn". Oder 3. Mo 16,6: „Und Aaron soll einen Stier, sein Sündopfer, darbringen, dass er für sich und sein Haus Sühne schaffe". Oder weiter 1. Mo 8,20-21 „Noah aber baute dem Herrn einen Altar und nahm von allem reinen Vieh und von allen reinen Vögeln und opferte Brandopfer auf dem Altar. Und der Herr roch den lieblichen Geruch …". Das alles steht in krassem Widerspruch zu Gottes Gebot „Du sollst nicht töten", das für alles Leben gilt. Auch bei Jes 66,3 ist hierzu das genaue Gegenteil zu lesen: „Wer einen Stier schlachtet, gleicht dem, der einen Mann erschlägt". Ebenso Jes 1,11: „Was soll mir die Menge eurer Opfer… Ich bin satt der Brandopfer von Widdern und des Fettes von Mastkälbern und habe keinen Gefallen am Blut der Stiere, der Lämmer und Böcke". Oder Jes 1,13: „… Das Räucherwerk ist mir ein Greuel!".

Ein verhängnisvoller Widerspruch findet sich in den Gesetzen zur menschlichen Ernährung. So gebietet Gott in 1. Mo 1,29: „Sehet da, ich habe euch gegeben alle Pflanzen, die Samen bringen, auf der ganzen Erde, und alle Früchte, die Samen bringen, zu eurer Speise." Dagegen findet sich unter 1. Mo 9,3: „Alles, was sich regt und lebt, das sei eure Speise."

Was gilt denn nun?

Der Bibelschreiber Hieronymus wurde im Jahre 383 von Papst Damasius I. beauftragt, einen einheitlichen Bibeltext zusammenzustellen. Aus den im Umlauf befindlichen, tausenden verschiedenen griechischen Handschriften des Neuen Testamentes traf er eine Auswahl, änderte, fügte hinzu und ließ manches weg. Das soll 3 500 Stellen betroffen haben. Daraus entstand die lateinische Bibel, auch Vulgata genannt.

Was aber fügte er damals hinzu, was ließ er weg? Hieronymus war die Bedeutung der vegetarischen Lebensweise der Urchristen bekannt. Doch nichts davon erwähnte er. Warum nicht? Er war selbst Vegetarier und bezeugte in einem Brief: „Der Genuss des Tierfleisches war bis zur Sintflut unbekannt; aber seit der Sintflut hat man uns die Fasern und stinkenden Säfte des Tierfleisches in den Mund gestopft … Jesus Christus, welcher erschien, als die Zeit erfüllt war, hat das Ende wieder mit dem Anfang verknüpft, so dass es uns jetzt nicht mehr erlaubt ist, Tierfleisch zu essen …" (Lib. I Adversus Jovinian).

Warum hat er das verschwiegen?

Hat er unter Druck gehandelt und wurde gar bedroht? Wie schon bei 1. Mo 9,3, so entschied ganz offensichtlich auch hier eine nicht im Dienste Gottes stehende Priesterschaft, wohin die Reise geht. Unsägliches Leid hat diese Entscheidung über die Tierwelt gebracht, bis zum heutigen Tag.

Heute stellt Christus durch Sein Instrument Gabriele eindeutig klar, der Mensch habe kein Recht, den Tieren den Atem zu nehmen, der ihnen von Gott gegeben wurde.[3] Es gilt: „Du sollst nicht töten" für alles Leben!

Das Töten von Tieren und der Verzehr ihres Fleisches stelle einen Verstoß gegen Gottes Gesetz dar und führe zu einer Belastung der Seele des Menschen.

Aus Jesu Leben sind mehrere Fälle bekannt, in denen die Priesterschaft ihm Fallen stellte, um ihn anklagen zu können, denn sie trachteten ihn zu beseitigen. Immer wieder hat Jesus ihnen ihr gottloses Leben vorgeworfen. In Mt 23,23 wird dies sehr deutlich: „Wehe euch, Schriftgelehrte und Pharisäer, ihr Heuchler...!" Hart geht er mit ihnen ins Gericht. In Mt 21,33-45 vergleicht er sie mit den bösen Weingärtnern, die die vom Hausherrn gesandten Knechte umbrachten, als diese zur Zeit der Ernte die Früchte abholen wollten. Mehrmals geschah das. Da sandte der Hausherr schließlich seinen eigenen Sohn, da er glaubte, an dem würden sie sich nicht vergreifen.

Doch auch den Sohn töteten sie. Vers. 45 u. 46: „Und als die Hohenpriester und Pharisäer seine Gleichnisse hörten, erkannten sie, dass er von ihnen redete. Und sie trachteten danach, ihn zu ergreifen; aber sie fürchteten sich vor dem Volk, denn es hielt ihn für einen Propheten."

Die Knechte im Gleichnis symbolisieren die Propheten, die stets von der Priesterschaft ermordet wurden. Der Sohn des Hausherrn dagegen war Jesus selbst. So kündete er in diesem Gleichnis bereits sein kommendes Schicksal an.

Der freie Wille der Menschen wurde von der Priesterschaft nicht nur in den Zeiten vor Jesus missachtet. Die katholische Kirche, die vorgab „im Namen des Vaters und des Sohnes und des Heiligen Geistes" zu reden und zu wirken, missachtete dieses Geschenk Gottes an die Menschen wie es vorher nie geschehen war. Über diese Blutspur soll hier aber nichts weiter gesagt werden; Bände sind darüber geschrieben worden von Karl-Heinz Deschner, Horst Herrmann und vielen weiteren.

Einige sollen hier nur genannt werden: „Des Satans alte Kleider"[9]; „Der Steinadler und sein Schwefelgeruch"[10]; „Wer sitzt auf dem Stuhl Petri?"[11]; „Die Rehabilitation des Christus Gottes"[12], alle erschienen im Gabriele-Verlag Das Wort.

In allen Zeiten, bis auf den heutigen Tag, horteten die Priester Reichtümer an. Welch unermesslicher Reichtum sich in den Händen des Vatikans befindet, kann kaum durchschaut werden. Zu undurchsichtig ist das ganze Geflecht wirtschaftlicher Beziehungen, das bis hin zu Verstrickungen mit der Mafia gehen soll, mit bis heute unaufgeklärten Morden. Ein Viertel des Grundbesitzes in Italien und der Immobilien Roms befindet sich im Besitz des Vatikans. Was hat das mit der Lehre des Jesus zu tun und mit dem von ihm geforderten gerechten Ausgleich zwischen arm und reich? Ist das nicht alles Hohn und Spott auf Jesus?

Nach Mt 19,24 soll er gesagt haben: „Es ist leichter, dass ein Kamel durch ein Nadelöhr gehe, als dass ein Reicher ins Reich Gottes komme."

Keiner der großen Propheten einschließlich Jesus hat jemals eine Religion gegründet. Keine Religion war jemals von Gott gewollt. Alle Religionen wurden von Priestern, oft zusammen mit anderen Herrschern nach deren eigenen Vorstellungen geformt. Bei der Entstehung des Katholizismus ist dies klar zu erkennen, wie sich diese Kultreligion durch Verdrehungen der Jesu-Lehren, nach den Vorstellungen der Priesterschaft unter Mitwirkung Kaiser Konstantins entwickelte. Durch die Prophetie der Jetztzeit wurden erstmalig die wahren Hintergründe über das Wirken der Priesterschaft bekannt. Weil sie zu allen Zeiten gegen Gottes Gesetze wirkte und wirkt, kann heute zu Recht gesagt werden, dass es auf der Erde so lange keinen Frieden geben wird, wie es Religionen gibt. Für manchen mag sich das gewagt anhören, doch es dürfte den Tatsachen entsprechen.

Es ist eigentlich nicht zu fassen!

Da rufen Priester einen Gott an, dessen Boten sie aber gleichzeitig umbringen und dessen Gesetze sie mit Füßen treten! Da muss man schon fragen, zu welchem Gott beten sie? Jesus hat ihnen damals die Antwort selbst gegeben, Jh 8,42: „… Wäre Gott euer Vater, so liebtet ihr mich; denn ich bin von Gott ausgegangen …

er hat mich ausgesandt." Jh 8,44: „Ihr habt den Teufel zum Vater, und nach eures Vaters Gelüste wollt ihr tun. Der ist ein Mörder von Anfang an und steht nicht in der Wahrheit, … denn er ist ein Lügner und der Vater der Lüge."

Schaut man auf die „Werke" der katholischen Kirche durch die Jahrhunderte, so könnte Jesu dieselben Worte auch zu deren Priesterschaft gesprochen haben. Obwohl deren Abscheulichkeiten möglichst geheim gehalten werden sollten, kommt in unserer Zeit langsam einiges ans Licht. Ebenso die Verdrehungen von Jesu Lehren, die so niemandem zum Heil gereichen - im Gegenteil! Übrigens gelten diese Verdrehungen auch für die Nachfolger Martin Luthers. Man muss sich wundern, dass angesichts solch klarer Fakten, die Menschen nicht in Scharen die Mitgliedschaften aufkündigen. Warum wohl?

Die Aufrufe im Alten Testament durch die Priesterschaft zu Krieg und Mord mag dort jeder nachlesen. In den letzten 1 700 Jahren sind sie jedenfalls offenkundig. Entgegen Gottes Gebot der Nächsten- und Feindesliebe und seinem Gebot „Du sollst nicht töten", hat besonders die katholische Kirche immer wieder Kriege befürwortet, ja selbst zu solchen aufgerufen und manche angezettelt. Man denke nur an ihren Vernichtungsfeldzug gegen die Katharer und an die Kreuzzüge. Was soll man davon halten, wenn der heiliggesprochene

Kirchenvater Augustinus gesagt haben soll: „Was hat man denn gegen Krieg, in dem Menschen umkommen, die doch einmal sterben müssen."

Mit der Aufklärung begann langsam die äußere Macht der Kirchen zu schwinden. Es entstanden immer mehr religiöse Bewegungen außerhalb der beiden großen „Religionskonzerne". Die Anführer aller solcher Bewegungen wurden früher verfolgt und umgebracht. Wie z.B. Jakob Hutter in Innsbruck. Doch diese Zeit der brutalen Gewalt ging zu Ende, die Methoden änderten sich. Statt Mord, jetzt Rufmord, Lächerlichmachung, Spott usw. Doch die meisten dieser neuen Gruppierungen stellten keine Gefahr dar, besonders nicht für den katholischen „Konzern". So wurden sie meist nur kritisch beäugt und verspottet, aber weniger massiv bekämpft.

Das änderte sich schlagartig, als in den 70er Jahren des vergangenen Jahrhunderts eine neue Bewegung von sich reden machte, mit der Bezeichnung „Heimholungswerk Jesu Christi" in deren Zentrum eine Frau als Botschafterin Gottes wirkte. Diese Frau, mit dem Namen Gabriele Wittek, nannte sich selbst nie so, wurde aber von Gott als Seine Botschafterin, als Seine Prophetin bezeichnet. Seitens der beiden Großkirchen war offensichtlich schnell erkannt worden, was sich hier ereignete und WER dahinter stand: Nach Jesus war erstmalig wieder ein Himmelsbote auf den Plan getreten, von ähnlichem Format. Hatte man bisher andere religiöse Gemeinschaften mehr oder weniger kritisch beobachtet, so schlug das hier in einen regelrechten Kampf um. Die Methoden wurden von Prof. Hubertus Mynarek in „Die Neue Inquisition"[14] detailliert beschrieben. Mynarek ist Professor und Dekan der theologischen Fakultät der Universität Wien gewesen. Er war der erste Vertreter dieses Ranges, der die katholische Kirche verließ. Ich selbst hatte von diesen Intrigen, Verleumdungen und Rufmorden einiges mitbekommen, was ich nicht für möglich gehalten hätte. Hätte ich es nicht selbst miterlebt, würde ich es nicht geglaubt haben. Alle Masken ließen die Kirchenmänner fallen. Sie zeigten das vorn erwähnte dämonische Verhalten. Hier war ein ernst zu nehmender Gegner auf den Plan getreten, der bildete eine Gefahr für ihre eigene Existenz. Es wurde die Wahrheit aus dem Himmel verkündet, die zu allen Zeiten von der Priesterschaft bekämpft worden war. Zu allen Zeiten waren die Priester die Feinde der Wahrheit, so wie es Jesus in Jh 8,44 sagte.

In „Ein Frauenleben im Dienst des Ewigen" schildert Gabriele, wie sie von ihrem Begleiter aus der Geistigen Welt, Bruder Emanuel, für das Prophetenamt ausgebildet wurde. Gabrieles Geistleib sei zur Vorbereitung für dieses Amt, in den vergangenen 2 000 Jahren mehrere Male inkarniert und der Mensch war stets von der Gegenseite umgebracht worden.[8] Geistigerseits wurde

für ihre jetzige Einverleibung folgendes mitgeteilt:
Die Gegenseite hatte geplant, sie auch dieses Mal umzubringen. Doch über Transmitter seien die dunklen Mächte gewarnt worden vor unabsehbaren Folgen für sie selbst. Es sei dadurch ein Schutz für Gabriele aufgebaut worden, damit sie ihren Auftrag, wie vorgesehen, durchführen könne. Lediglich mit den oben genannten, heutigen Mitteln der Inquisition wird sie auf das Schärfste bekämpft. Die Großkirchen setzen hierzu all ihre Möglichkeiten ein. Sie haben Einfluss auf Medien, auf Radio- und Fernsehstationen. Willige Journalisten lassen sich für die moderne Inquisition einspannen und missbrauchen. So wird Gabriele und mit ihr die gesamte Bewegung, in einem von mir nicht für möglich gehaltenen Maße nach Umfang und Schärfe, geradezu bekämpft. Dabei will die heutige Prophetie nur die urchristliche Lehre wieder auf die Erde bringen. Doch gerade das ist es, was die Gegenseite zu verhindern versucht. Das alles ist nur verstehbar, durch die in dieser Schrift grob skizzierten geistigen Hintergründe.

Wie geschickt hier manipuliert wurde, musste ich erfahren, als Freunde von mir, solch manipulierten Fernsehsendungen mehr glaubten, als meinen persönlich erlebten Berichten.

In zahlreichen Offenbarungen wurde durch Christus und Gott-Vater das Ende des materialistischen Zeitalters angekündigt, in dem den Dämonen ihre Macht genommen wird. Der Aufbau des Friedensreiches sei in vollem Gange. Die Keimzellen dazu würden bereits heute überall auf der Erde gelegt, bevor die großen Umwälzungen, die von den Menschen als Katastrophen empfunden würden, über die Erde und die Menschen hereinbrächen.

Zum Aufbau dieses Werkes, haben sich - wie vorn näher erläutert - zahlreiche Wesen aus dem Geiste, die nun wieder frei waren, zur Einverleibung begeben. Es sind also nicht irgendwelche beliebigen Menschen, die hier mitwirken. Alles ist gezielt und von langer Hand vorbereitet. Welcher Menschenverstand kann so etwas fassen?

Bevor noch einiges zu dem kommenden Friedensreich zu sagen ist, soll an einem kleinen Beispiel gezeigt werden, wie besonders die katholische Kirche, den Jesus, den Christus, verhöhnt. In Seinem Werk „Das ist mein Wort" spricht Er selbst auf S. 901: „Wer das Kreuz mit dem toten Körper aufstellt und anbetet, der zeigt auf den physischen Leib und stellt damit der Menschheit fälschlicherweise Meine Niederlage dar. Er verehrt den toten Körper, anstatt zum Auferstandenen zu beten, zum Inneren Licht, dem Vater in Mir, dem Christus. Das Symbol der Auferstehung, der Himmelfahrt, ist das Kreuz ohne Corpus". Und auf S. 911 sagt Er sinngemäß weiter, die Dämonen wollten den Gekreuzigten sehen, also das Kreuz mit Corpus. Damit wollten sie die Niederlage des Nazareners dokumentieren, nicht den Sieg des Christus.[3]

Das kommende Friedensreich

Schon mehrfach wurde in dieser Schrift das Friedensreich genannt. Doch was ist darunter zu verstehen?

Jesaja kündigte es bereits vor etwa 2 800 Jahren an:

„… Da werden sie ihre Schwerter zu Pflugscharen und ihre Spieße zu Sicheln machen. Denn es wird kein Volk wider das andere das Schwert erheben, und sie werden hinfort nicht mehr lernen, Krieg zu führen." (Jes 2,4)

Und weiter: „Da werden die Wölfe bei den Lämmern wohnen und die Panther bei den Böcken lagern. Ein kleiner Knabe wird Kälber und junge Löwen und Mastvieh miteinander treiben. Kühe und Bären werden zusammen weiden, dass ihre Jungen beieinander liegen, und Löwen werden Stroh fressen wie die Rinder. Und ein Säugling wird spielen am Loch der Otter, und ein entwöhntes Kind wird seine Hand strecken in die Höhle der Natter. Man wird nirgends Sünde tun noch freveln auf meinem ganzen heiligen Berge; denn das Land wird voll Erkenntnis des Herrn sein, wie Wasser das Meer bedeckt (wie das Meer mit Wasser gefüllt ist)", Jes 11, 6-9.

Wohin hat die breite, rituelle Straße der Religionen die Menschheit geführt? Schauen wir den Zustand dieser Welt, dann haben wir die Antwort!

Gott ist der Freie Geist, der unaufhörlich in jeder Seele leuchtet.

In Gott ist keine Religion.

In Gott gibt es kein Ritual.

In Gott gibt es keine Dogmen.

Der massive Angriff der Priesterschaft auf die heutige Prophetie wurde nur am Rande erwähnt. Nach dem Schweizer Kirchenhistoriker Prof. Walter Nigg, ist das Maß der Verfolgung geradezu ein Indiz für die Echtheit der Prophetie, „Prophetische Denker"[13]. Der Außenstehende vermag es nicht einzuschätzen, was hier ablief und noch abläuft. Er ist nur einseitig informiert und hat kaum eine Chance, die Lügendarstellungen als solche zu erkennen. Hinter diesen Darstellungen in den Medien standen meist Kirchenleute. So war das schon immer: die Drecksarbeit ließen sie andere - meist den Staat - machen. Bis dahin hatte ich der Priesterschaft noch eine gewisse Seriosität zugesprochen, doch durch die Erlebnisse war ich gezwungen, dieses Bild radikal zu ändern: Wölfe im Schafspelz!

Doch ihre Zeit geht zu Ende. Die Befreiung aller Geschlechter aus Trübsal und Einengung ist angesagt. Die Neue Zeit wird eingeläutet durch das Erscheinen dieses, wie angekündigt, letzten großen Propheten. Es ist die Befreiung vom Joch einer jahrtausendlangen gemeinsamen Herrschaft von Priestertum mit den Mächtigen dieser Welt. Selbstverständlich setzt diese

Befreiung ein Umdenken in den Köpfen der Menschen voraus, die sich als Kinder Gottes sehen und keinen Mittler mehr zwischen Gott und ihrem Seelenheil benötigen. Ein neuer Menschenschlag wird die Erde bewohnen und den Willen Gottes tun - nicht mehr nach den Vorgaben von Priestern.

Gelegentlich hört man Äußerungen wie:

„So kann es doch nicht weitergehen."

Viele Menschen spüren, dass die „Welt aus den Fugen" gerät und das Geschehen kaum noch steuerbar ist. Das Weltgeschehen scheint eine Eigendynamik zu entwickeln. Bis dahin festgefügte Ordnungen (die deshalb aber noch lange nicht einer Göttlichen Ordnung entsprechen mussten), geraten ins Wanken und lösen sich auf. Weltweite Unruhen nehmen zu. Hierzu mehr in dem Buch „Wer Wind sät, wird Sturm ernten"[15].

In diesen immer unruhiger werdenden Zeiten öffnet sich erneut der Himmel und neigt sich zur Erde, um alle Willigen und Suchenden zu erreichen und sie in „alle Wahrheit zu führen". Inzwischen ist daraus - von der großen Masse weitgehend unbemerkt - ein weltumspannendes Netz urchristlicher Zellen oder Gemeinden entstanden. Die Botschaft aus dem All wird heute (2018) durch etwa 700 Radio- und Fernsehstationen rund um die Welt in vielen Sprachen ausgestrahlt. Nur in Deutschland wurde bis heute eine Sendeerlaubnis verweigert. Es dürfte nicht schwer zu erraten sein, wer bisher erfolgreich eine solche Genehmigung hintertrieben hat! Und das in einem Land, in dem Religionsfreiheit und Trennung von Kirche und Staat in der Verfassung festgeschrieben sind. Doch das steht nur auf dem Papier! Es ist dies nur ein kleines Indiz dafür, wie sehr die Kirche als Reiter immer noch diesen Staat als Ross reitet. In der liberalen Schweiz wurde eine Sendeerlaubnis erteilt und von dort ist seit Jahren „Die Neue Zeit" in deutscher Sprache auch in Deutschland zu empfangen. Diese Keimzellen sollen die Grundlagen bilden für das von Jesaja angekündigte Friedensreich, das sich nach der Reinigung der Erde über die ganze Erde ausbreiten soll.

Eine Utopie?

Dann wäre das Wirken der Propheten im Alten Testament, der Erdengang Christi, der ganze Rückführungsplan Gottes alles Schwindel und Erfindung menschlicher Phantasie. Warum aber haben dann Menschen, soweit Forschung zurückreicht, zu allen Zeiten einer jenseitigen Wirklichkeit ihre Verehrung entgegengebracht?

Menschen aus Fleisch und Blut, also aufgebaut aus materiellen Bausteinen, hatten offenbar eine ferne Ahnung von etwas völlig Außermateriellem. Wie sollte das gehen? Es war die Ahnung der unsterblichen Seele, die nicht aus der materiellen Existenz heraus erklärbar ist. Selbstverständlich wurden die Gegner dieser Sichtweise nicht müde in der Erfindung von Gegenargumenten. So meinte Feuerbach zum Beispiel, weil das Diesseits so schrecklich zu ertragen sei, habe man alles in eine zu erwartende bessere Welt verlagert, um so das Diesseits besser zu ertragen. Freud sprach von infantiler Phantasie.

Allen Spekulationen, menschlichen Meinungen und Auslegungen, wird durch die Prophetie der Jetztzeit die Grundlage entzogen:

Noch nie zuvor in der Menschheitsgeschichte kommt heute die Wahrheit in allen Facetten auf die Erde, soweit Menschenverstand überhaupt zu fassen es in der Lage ist. Vor 2 000 Jahren kündigte Jesus (Jh 16,12-13) an: „Ich habe euch noch viel zu sagen, aber ihr könnt es jetzt nicht ertragen. Wenn aber jener, der Geist der Wahrheit, kommen wird, wird er euch in alle Wahrheit leiten."

Diese Ankündigung mache Er nun in unserer Zeit wahr, sagt Christus durch Seine Posaune. Damals, als Er als Jesus unter den Menschen weilte, konnten die Menschen vieles noch nicht verstehen, was ihnen heute geläufig ist, z.B., dass alles auf Schwingung beruht oder was Gene sind. So sei es erst heute möglich, vieles verständlich zu erklären, z.B., dass Gene das Verbindungsglied zwischen dem Materiellen und dem Geistigen bilden, also zwischen Gehirn und Seele. Weswegen jeder Eingriff in die Gene eine Gefahr darstelle und absolut unzulässig sei.

Wie aber soll das nun mit dem angekündigten Friedensreich gehen?

„Der Mensch ändert sich nie", heißt es!

Und dieser Menschenschlag soll dann plötzlich friedlich werden? Dieser Widerspruch wird heute durch Christus aufgelöst. Er lässt uns einen Blick in die Zukunft werfen: Aus dem Umwandlungsprozess werde die Erde gereinigt hervorgehen. Gereinigt von allem Unrat mit dem der Mensch sie besudelt hat. Dabei werde sie von Gott-Vater allmählich in eine höhere Schwingung versetzt und könne dadurch nichts Niederes mehr tragen. Das soll heißen, für stärker belastete Seelen werde das Tor für weitere Einverleibungen geschlossen. Damit würden nur noch lichtere Seelen zur Inkarnation kommen, die dann durch Ihn, Christus, vom Geiste her geführt würden und so ihr Leben auf Ihn und Seine Lehren ausrichten. Religionen werde es dann nicht mehr geben und damit sei die Verbreitung jedweder Irrlehren unterbunden. Es werde Friede einkehren zwischen den einzelnen Menschen, zwischen den Völkern und zwischen Mensch und Natur.

Wie dargelegt, ist dieser neue Menschenschlag nur aus geistiger Sicht zu verstehen, niemals aus biologisch-materialistischer Sicht.

Was geschieht nun mit den stärker belasteten Seelen, für die sich das Tor zu weiteren Einverleibungen schließt? Wie bereits dargelegt, wurden nach Christi

Erlösertat die Fallbereiche zu Aufstiegsbereichen umgewandelt. Die Aufwärtsentwicklung bzw. Reinigung der Seele ist nicht nur im menschlichen Erdenkleid, sondern auch als Seele in diesen Aufstiegsbereichen möglich. Es besteht jedoch ein großer Unterschied! Lebt ein Mensch konsequent nach den Lehren des Jesus, vor allem nach seiner Bergpredigt, kann das für die entkörperte Seele nach dem Leibestod ein Riesensprung himmelwärts bedeuten, so dass sie bereits vor der Lichtmauer steht, sozusagen vor der Himmelspforte.

Damit eine stärker belastete Seele diese gleiche Stufe erreicht, ohne die Möglichkeit einer Einverleibung, bedarf es Äonen, d.h. nach menschlichem Ermessen unvorstellbare Zeiträume.

Warum ist das so?

Die in einer Inkarnation wirksam werdenden Gnadenakte können alle nicht wirksam werden. Vor allem wäre hier zu nennen: Durch Selbsterkenntnis zu echter Reue und Buße gelangen; Bitte um Vergebung; Vergebung. Für den Aufstieg im Jenseits heißt es ausschließlich: A b t r a g u n g aller Seelenlast, ohne die genannten Gnadenakte. Die greifen nur auf der Erde. Für die Seelen ist dies weit schmerzhafter als die Leiderfahrung im Menschenkörper.

Die Menschen dieser Neuen Zeit werden ihre Erfüllung nicht mehr im Ausleben aller menschlichen Leidenschaften und weltlicher Freuden suchen, sondern in der Erfüllung von Gottes Willen (was nicht im ständigen Halleluja-Singen und Hersagen frommer Sprüche besteht, sondern in einem aktiven Leben der Tat und damit Freude am Leben einschließt). Ihr Leben wird zielgerichtet sein, gemäß dem Jesu-Wort: „Trachtet zuerst nach dem Reich Gottes und nach seiner Gerechtigkeit, so wird euch das alles zufallen", Mt 6,33. Damit werden Perspektiven eröffnet, die aus heutiger Sicht völlig utopisch erscheinen. Bis heute gilt 1. Mo 3,19: „Im Schweiße deines Angesichtes sollst du dein Brot essen". Das Leben der Menschen ist Plage und Mühe, oft verbunden mit Krankheit und Leid. So beschreibt es Paul Gerhardt (1607 - 1676) in seinem berühmten Gedicht „Ich bin ein Gast auf Erden":

2. „Was ist mein ganzes Wesen
von meiner Jugend an als
Müh' und Not gewesen? So-
lang' ich denken kann, hab' ich
so manchen Morgen, so manche
liebe Nacht, mit Kummer
und mit Sorgen des Herzens
zugebracht.

(…)

9. Die Herberg ist zu böse, der
Trübsal ist zu viel.

Ach komm' mein Gott, und löse
mein Herz, wenn dein Herz will;
komm' mach' ein selig's Ende an
meiner Wanderschaft, und was
mich kränkt, das wende
durch deinen Arm und Kraft."

Manche Menschen sind von der Plagerei ausgenommen, die auf Kosten anderer im Luxus leben und sich um ihren Lebensunterhalt nicht mühen müssen. Doch das Gesetz ist untrüglich und Gottes Gerechtigkeit unbestechlich. Der Mensch soll sich nicht täuschen: Reichtum der gehortet wird, ist Diebstahl und verlangt nach Ausgleich! So könnte ein Reicher, der seinen Reichtum nur für eigennützige Zwecke hortet und ihn nicht zum Wohle aller einbringt, sein nächstes Leben als Bettler fristen. Dem Kausalgesetz entrinnt niemand.

So wie es für den einzelnen Menschen gilt, so betrifft es die Menschheit als Ganzes. Die Zuwiderhandlungen der gesamten Menschheit gegen alle göttlichen Gesetze über die Jahrtausende, seien dergestalt, so die heutige Prophetie, dass die karmischen Speicher überlaufen und alle Wirkungen jetzt mit Wucht hervorbrechen.

Doch wenden wir uns noch einmal dem Friedensreich zu. In dem zitierten Jesu-Wort spricht Jesus davon, den Menschen würde dann alles zufallen. Diese Aussage wird durch die heutige Prophetie bekräftigt. In dem kommenden Friedensreich, in dem die Menschen zuerst nach dem Reich Gottes streben, würden die heutigen Plagen um ihr tägliches Brot von ihnen genommen. Sie würden die Fülle haben. Und das alles, ohne nach Bodenschätzen in der Erde zu graben, ohne die derzeitigen Energieprobleme; auch würde es die Hochtechnik, wie sie heute existiert, nicht mehr geben. Und trotzdem die Fülle? Wie soll das gehen? Der heutige Mensch denkt doch, gerade die Technik mit ihrer Hochtechnik würde ihm ein besseres Leben bescheren. Trifft das für alle zu? Und was ist der Preis dafür? Raubbau und Vergiftung in vielfältiger Form quälen Mutter Erde! Hat die Hochtechnik mehr Frieden gebracht? Wird sie nicht auch zur Vernichtung des vermeintlichen Gegners eingesetzt? Die Hochtechnik unserer Zeit wird in der Menschheitsgeschichte nur eine kurze Episode sein. Diese in Aussicht gestellte Zukunftsvision von der Fülle, klingt nun wirklich utopisch. Liegt das aber nicht wieder daran, dass Menschenverstand nicht die geringste Vorstellung von Gottes Allmacht hat? Wird uns diese Allmacht nicht ständig vor Augen geführt, wir brauchen nur in die Natur zu schauen. Was wir da als selbstverständlich hinnehmen, ist in Wahrheit Gottes Allmacht, die dies alles schafft. Die Natur gibt es nicht aus sich selbst heraus, sozusagen aus dem Nichts.

In dem Buch „Was der Mensch sät, das wird er ernten", habe ich bewusst zahlreiche Phänomene aufgeführt, die aus der menschlichen Erfahrungswelt und vom menschlichen Verstand her, nicht zu begreifen sind. Trotzdem können diese Begebenheiten nicht als Schwindel abgetan werden, zu stark waren die Beweise und Zeugnisse dafür. Diese von mir bewusst so gewählte Vorgehensweise, hatte nur einen Grund: Der Leser, dem das alles bisher fremd war, sollte in diese Welt - ich könnte auch sagen, in die Geisteslehre - langsam, behutsam, eingeführt werden. Allzu leicht ist der ausschließlich diesseits orientierte Mensch geneigt, das alles als Betrug oder Schwindel abzutun. Doch er sollte es sich nicht zu einfach machen. Nehmen wir nur noch einmal die außergewöhnlichen Heilerfolge heraus, die durch Cayce erzielt wurden, so sind das nicht zu bestreitende Tatsachen. Woher hatte Cayce diese Kenntnisse oder Informationen?

Ich erwähne dies alles aus dem Grunde, weil hier abermals ein solches Phänomen angesprochen werden soll, das sich jeder menschlichen Erklärung entzieht.

Im Januar 1974 trat im deutschen und im schweizer Fernsehen der junge Israeli Uri Geller (geb. 1946) auf und erregte mit seinen übersinnlichen Fähigkeiten große Aufmerksamkeit in der Öffentlichkeit. Vor den Augen der Kamera, vor den Zuschauern im Fernsehstudio und vor einem Millionenpublikum zu Hause vor den Bildschirmen, verbog er metallene Gegenstände wie Gabeln und Löffel und brachte eingerostete Uhren wieder zum Laufen - ohne davon etwas in die

Hand zu nehmen. Diese Wirkungen zeigten sich auch bei zahlreichen Zuschauern zu Hause in deren Wohnzimmern. Ohne sichtbare Krafteinwirkung verbog sich da plötzlich ein Löffel wie von Zauberhand, beispielsweise um 90°.

Ohne direkte Krafteinwirkung durch Kontakt, kennen wir die Fernwirkung durch Gravitation und Magnetismus. Gravitationskräfte konnten hier begreiflicherweise von vornherein ausgeschlossen werden. Die Wirkung magnetischer Kräfte kam auch nicht in Frage, da Herrn Geller keinerlei entsprechende Apparaturen zur Verfügung standen.

Ich selbst hatte diese Sendung im Fernsehen nicht miterlebt. Kollegen erzählten mir am nächsten Tag davon. Sie konnten das Dargebotene nicht begreifen und fragten nach Erklärungen. Auf Grund meines damaligen Kenntnisstandes, war es auch mir unmöglich, das Geschehen irgendwie einzuordnen.

Einige Wochen nach dieser Fernsehübertragung, hatte die Gemeinschaft, die sich um das schweizer Medium Beatrice Brunner gebildet hatte, eine Vorstandssitzung. Es wurde darüber gesprochen, dass man zu dem in der Fernsehsendung gezeigten Phänomen, gerne nähere Erklärungen von Geistlehrer Josef hören würde. Mit einem solch profanen Anliegen mochte man jedoch nicht an ihn herantreten. Diese zögerliche Haltung begründet sich in dem Bemühen der höheren Geistigen Welt, nur der Höherentwicklung der Seelen zu dienen, nicht aber den täglichen Anliegen der Menschen und schon gar nicht der Befriedigung deren Neugierde. Solches geschieht nur im niederen Spiritismus, was man früher unter der „Befragung des Orakels" verstand.

Doch bald zeigte sich, wie der Geistigen Welt nichts verborgen bleibt, so auch hier die unausgesprochenen Wünsche dieses Vorstandes: In dem darauf folgenden Vortrag von Geistlehrer Josef, am 13. Februar 1974, kam dieser von sich aus auf diesen Wunsch zu sprechen. Wörtlich hierzu in dieser Kundgabe durch Beatrice Brunner: „Ja nun, liebe Geschwister, ich will versuchen, euch etwas zu erklären, und zwar will ich jetzt die Frage beantworten, die ihr stellen wolltet und von der ihr dachtet, es gehöre sich nicht …". (Geistige Welt 1974, S. 74, ABZ Verlag Zürich).

Viele, ausschließlich materialistisch eingestellte Menschen, werden diese Tatsache, dass der sich durch Brunner mitteilende Geist Josef, diese Wünsche - ich sage jetzt - telepathisch empfangen hat, als Schwindel hinstellen. Sie müssen so reden, weil für sie weder eine Geistige Welt, noch dort weilende Geistwesen existieren. Das obige Geschehen ist aber durch zahlreiche Menschen bezeugt.

Doch nun zu den Erklärungen, die Josef zu den übersinnlichen Fähigkeiten von Uri Geller gegeben hat.

Josef meinte, da Geller von vielen Menschen als Schwindler hingestellt werden könne, sei es gut, einige Erklärungen zu geben, die schließlich Teil der Geisteslehre seien.

Auf seine weit ausgreifenden Erläuterungen soll nicht im Einzelnen eingegangen werden. Nur das Wesentliche sei hier sinngemäß zusammengefasst: Alles beruhe auf Schwingung und Strahlung. Geller besäße in sich tatsächlich diese magnetische Kraft, um über beliebige Entfernungen hinweg, diese Wirkungen hervorzurufen. Alles sei mit rechten Dingen zugegangen und es sei kein Betrug im Spiel gewesen.

Wenn Josef hier das Wort „magnetische Kraft" verwendete, so hat dies aber mit der aus der Physik bekannten Magnetwirkung nichts zu tun. Es ist nur im übertragenen Sinne zu verstehen, weil den Menschen die hier erkennbar gewordene Kraft unbekannt ist und die menschliche Sprache folglich keinen Namen dafür hat.

Josef vergleicht die im Hintergrund wirkenden unbekannten Kräfte auch mit der Fähigkeit Jesu, die 5.000 zu speisen oder Wasser in Wein zu wandeln. Die Speisung der 5.000 erfolgte durch eine sogenannte Materialisation.

Dabei werden rein geistige Ätherkräfte in materielle Atome umgewandelt. Den Weisen Indiens war dieses schon lange bekannt und Yogananda beschreibt solche

Ereignisse in seinem Buch[16]. Im Leben der Therese Neumann - bekannt als Therese von Konnersreuth - ereignete sich ähnliches. Ab Dreikönig 1923 hatte diese Frau keine feste Nahrung und ab Weihnachten 1926 auch keine flüssige mehr zu sich genommen. Immer freitags durchlebte sie die Passion Christi und verlor dabei aus den sichtbar hervortretenden Wundmalen an Händen, Füßen und Brust, reichlich Blut, was stets mit einem erheblichen Gewichtsverlust verbunden war. Doch wie von unsichtbarer Hand wurde das Gewicht innerhalb einer Woche wieder ausgeglichen. Auch dieses Geschehen ist hinreichend bezeugt, teils von ernst zu nehmenden Wissenschaftlern, solchen mystischen Phänomen nicht unbedingt zugeneigte.

Nach meiner Kenntnis ist Josef ein in der göttlichen Ordnung stehender Geist aus der höheren geistigen Welt. Von seinen über 2.000 geistgewirkten Kundgaben habe ich mindestens ein Fünftel gelesen und konnte mir ein Bild verschaffen, auch im Vergleich zu weiteren Kundgaben aus anderen Quellen. Alles was er über die Geisteslehre offenbart, ist in sich schlüssig. Ich habe keine Widersprüche gefunden. Seine Stellungnahme zu dem Phänomen Uri Geller ist eindeutig: Dieser Mensch verfügte über diese höheren Kräfte. Josef meinte allerdings, er hätte sie für höhere Ziele einsetzen sollen und nicht für diese Show.

Liebe Leser, sollten Sie zu denen gehört haben, die diese Demonstration im Fernsehen miterleben konnten, dann werden bei Ihnen möglicherweise auch Zweifel und Fragen zurückgeblieben sein. Wie erwähnt, konnte ich damals auch nichts damit anfangen. Dies ist auch nicht möglich bei völliger Unkenntnis der Geisteslehre. Erst zehn Jahre später begann meine geistige Reise in diese verborgene Welt und ich musste erkennen, dass hier Gesetze herrschen und sich Ereignisse vollziehen, die alles menschliche Begriffsvermögen übersteigen. Wir Menschen können nicht einmal die allgegenwärtig wirkende Gravitation verstehen. Wir wissen, sie wirkt, sie existiert also und überall verspüren wir ihre Wirkung. Wir können sie rechnerisch erfassen, was Gravitation aber tatsächlich ist, oder besser gesagt, wie sie zustande kommt, woher und warum, vermag Menschenverstand nicht zu beantworten.

So etwa verhält es sich mit den hier gezeigten Kräften und Energien. Zum Verbiegen eines Metallstabes ist auf jeden Fall eine bestimmte Energie erforderlich. Sind alle Bedingungen bekannt, dann lässt sich nach den Gesetzen der Physik diese Energie berechnen. Wie diese Energie aber von diesem Menschen ausgelöst und fernwirkend auf die Gegenstände übertragen wurde, das konnte auch Josef nicht beschreiben. Nach allem Gesagten ist der Grund hierzu ganz einfach: Weder die Energieform noch die waltenden Gesetze sind den Menschen bekannt. Damit hat Sprache keine Möglichkeit mehr der Beschreibung.

Heute sage ich: Was Geller hier zeigte war eine Realität. Kein Schwindel, kein Betrug am Zuschauer, keine Sinnestäuschung. Er konnte ganz offensichtlich bis zu einem gewissen Grad über Kräfte verfügen, von deren Existenz unsere Wissenschaften bis heute nicht den Schimmer einer Ahnung haben, weswegen sie solches Geschehen auch als Schwindel bezeichnen. Sie müssen es so abtun, weil sonst ihr Dogmengebäude zusammenbricht, in dem kein Platz vorgesehen ist für eine höchste Kraft und höchste Kraftquelle aus der alles fließt.

So stimme ich Josef in seiner Ansicht voll zu, dass jener Naturwissenschaftler, der einen hohen Geldbetrag dafür geboten hatte, wenn das „Experiment" vor ihm persönlich gezeigt würde, dann wieder irgendwelche anderen Einwände oder Ausflüchte gefunden hätte. Geistlehrer Josef warf auch die Frage nach dem Zweck dieser Demonstration vor einem Millionenpublikum auf. Ich persönlich bin davon überzeugt, dass Gottes hohe Geisterwelt in der Regel solche Zurschaustellungen nicht befürwortet. In der Regel, sage ich. Denn hat nicht auch Jesus den Menschen vor Augen geführt, zu was Er fähig war? Über welche Kräfte Er verfügen konnte? Was anderes sind denn Seine sogenannten Wunderheilungen? Oder Seine Wandlung von Wasser in Wein? Oder die Speisung der 5 000? Wir Menschen nennen solches Wunder! Als ob Gott Gesetze, die wir zwar noch nicht kennen, plötzlich außer

Kraft setzen würde. Er beherrschte eben diese höchsten Gotteskräfte und vermochte sie einzusetzen. Bei Jesus handelte es sich mit Sicherheit nicht um eine öffentliche Zurschaustellung dieser Kräfte. Er zeigte sie niemals auf einem Jahrmarkt. Er setzte sie immer nur dann und dort ein, wo es sich aus der Situation heraus ergab. Als ihn beispielsweise die beiden Blinden vor Jericho um Erbarmen baten: „Ach, Herr, du Sohn Davids, erbarme dich unser!" (Mt 20,30). Da heilte Er sie! Aber vermutlich sollte den Menschen seiner Zeit gezeigt werden, zu was Er fähig war und wer Er in Wahrheit war. Immerhin hätten sie dadurch an Ihn glauben und Seinen Lehren folgen können, - was einige auch taten. So ist es möglich, dass diese Demonstration von Geller, eine Zulassung von höherer Stelle war, um dadurch manchen Menschen zum Nachdenken zu bringen.

Lieber Leser, ganz bestimmt hatten Sie in Ihrem Leben schon Begegnungen, die nach den Gesetzen der Wahrscheinlichkeit so unwahrscheinlich waren, dass Sie sich gefragt haben: Wie war das bloß möglich? Meist wird dann vom Zufall gesprochen. Doch kein Mensch vermag auch nur entfernt zu ahnen, wie im Hintergrund – für uns verborgen – die Fäden so fein gesponnen wurden, damit es genau zu dieser Begegnung kommen sollte. Doch warum?

Die Antwort hierauf würde den Rahmen dieser Schrift bei weitem sprengen.

Während meines langen Lebens habe ich in meiner Familie einige derartige, ans Unwahrscheinliche grenzende Begegnungen miterlebt. Einer meiner Söhne reiste nach Abschluss seiner Lehre mit einem Freund für einige Monate durch Südamerika. Eines Tages suchte er das Postamt in Bogota auf und traf dort auf den gleichaltrigen Sohn meines engsten Freundes. Durch diese Freundschaft waren beide Familien einander vertraut, doch von der Reise des anderen hatte in diesem Fall keiner vorher Kenntnis gehabt. Wie groß war die Wahrscheinlichkeit für diese Begegnung? Vermutlich ließe sie sich mathematisch beziffern! Eins zu einer Milliarde?

Das Manuskript zu diesem kleinen Buch war fertig, das erste Probeexemplar gedruckt, da lernte ich – ohne jegliche Absicht, also „per Zufall" – den Journalisten und Buchautor Helmut Bienk kennen. Bald stellte ich in Gesprächen erstaunliche Gemeinsamkeiten im Denken fest. Herr Bienk gab mir sein Buch „Die neuen Heiler"[18] zu lesen, das unter dem Pseudonym Robert Sebastian bei F. A. Herbig in München erschienen war. In dem Vorwort „Unglaubliche Geschichten" schildert er seine Begegnung mit Uri Geller im Jahre 1974:

„Die Straße von Offenburg nach Durbach schlängelt sich kurvenreich durch die Weinberge. Der Mann am Steuer des Wagens fuhr sicher und zügig, aber trotzdem fühlte ich mich unbehaglich, stemmte die Füße gegen das Bodenbrett des

Fahrzeuges und klammerte mich mit den Händen an den Beifahrersitz. Der Grund für mein Unbehagen: Der Fahrer steuerte das Auto mit verbundenen Augen.

Der Mann, der das Fahrzeug steuerte, war Uri Geller. Gewiss erinnern Sie sich noch an den Israeli, der Mitte der siebziger Jahre in Deutschland für Schlagzeilen sorgte. Während einer ZDF-Sendung verbog er mit reiner Geisteskraft Bestecke und reparierte Uhren ... Diese berühmt gewordene ZDF-Sendung wurde 1974 aus der Offenburger Oberrheinhalle übertragen. Ich war seinerzeit Redakteur bei der <Bunten> in Offenburg und sollte über das Phänomen Uri Geller berichten. Und so kam es zu dieser eingangs geschilderten Fahrt durch die Ortenauer Weinberge, mit der mir Uri Geller demonstrieren wollte, dass er nicht nur über psychokinetische Kräfte verfügte, sondern auch andere, unheimliche Fähigkeiten besaß."

Soweit die wörtliche Wiedergabe aus dem Buch.

War das nicht sonderbar?

Eben erst hatte ich die Schrift beendet, in der dieses Phänomen Geller eingehend beleuchtet wurde und nun hatte ich die Gelegenheit mit dem Journalisten über die Geschehnisse von damals zu reden, der nicht nur die, im Fernsehen gezeigten, Phänomene miterlebt hatte, sondern Uri Geller persönlich kennengelernt und interviewt hatte. Ja, der darüberhinausgehende, nicht öffentlich gemachte Phänomene, durch Geller miterlebt hatte.

Auf meine Frage, nach der Länge der geschilderten Autofahrt sagte Herr Bienk, es habe sich um mindestens einen Kilometer gehandelt, vermutlich mehr.

Wie lange würden wir uns bei geschlossenen Augen, einer angenommenen Geschwindigkeit von nur 50 km/h und, im günstigen Fall, gerader Strecke auf der Straße halten, bevor wir im Graben landen? Aber auf kurvenreicher Strecke einen Kilometer!? Das kann nicht mit rechten Dingen zugegangen sein! Doch mein Gegenüber versichert mir, es war so wie beschrieben, kein Schwindel sei im Spiel gewesen. Er könne es auch nicht verstehen, bis heute nicht. Außer ihm und Geller seien noch zwei weitere Kollegen von ihm dabei gewesen, die haben hinten gesessen.

Ebenso wenig wie Geistlehrer Josef die außersinnlichen Fähigkeiten Gellers bestritten hatte, habe ich Grund an der Aussage über diese geheimnisvolle Autofahrt zu zweifeln.

Zahlreiche „klinisch tote" Menschen berichteten nach ihrer Wiederbelebung, dass sie in diesem Zustand alles um sie herum wahrgenommen – also gesehen – haben. Pim van Lommel beschreibt in seinem inzwischen berühmt gewordenen Buch „Endloses Bewusstsein", zahlreiche solche Fälle. Da lag ihr vermeintlich toter Körper am Boden – oder auf einem Operationstisch – mit geschlossenen physischen Augen, und doch haben sie „gesehen" was im Nebenraum vor sich ging. Solches ist bezeugt.

Mit den „Augen der Seele" habe er alles genauestens sehen können, schildert es Stefan von Jankovich in seinem Buch „Ich war klinisch tot". Während dieses Geschehens sei seine Seele aus dem Körper ausgetreten, aber mit ihm über die sogenannte Silberschnur noch verbunden gewesen, so Jankovich.

Warum sollte es Geller nicht möglich sein, diese mystischen Augen zu mobilisieren während seine Seele noch im Körper weilt? Verfügt er doch offensichtlich noch über weitere Fähigkeiten, die wir ebenso wenig verstehen können!

Auf meiner nunmehr 35-jährigen Reise in diese geistigen Gefilde ist mir die Begrenztheit unserer menschlichen Wahrnehmungs- und Erkenntnismöglichkeit immer deutlicher bewusst geworden. Ohne Zweifel hat Geller dazu beigetragen, den Schleier in jene verborgene Welt etwas zu lüften – für Menschen, die meinen, nicht von vornherein alles zu wissen.

Wenn nun schon diese höchsten Kräfte existieren, warum sollten sie dann dem Menschen nicht nutzbar sein, ihn aus der Plagerei um sein tägliches Brot zu befreien? Was denken Sie, lieber Leser, zu welchen Zwecken der derzeitige Menschenschlag diese Kräfte zuallererst einsetzen würde?

Durch die Prophetie der Jetztzeit wird hier folgender, eindeutiger Hinweis gegeben: In dem Buch „Erkenne und heile dich selbst durch die Kraft des Geistes"[17],

12. Auflage 2017, S. 51, offenbart Geistlehrer Bruder Emanuel folgendes: „Die mit ihren technischen Errungenschaften lebende Menschheit glaubt, sie sei gebildet und wissend. Sie prahlt mit ihren Errungenschaften und glaubt, sie habe in den letzten Jahrhunderten viel erreicht. Im Vergleich zu den Ätherkräften, die jeder Einzelne in sich hat und bei einem Leben nach den Gesetzen Gottes auch anwenden könnte, entspricht die heutige menschliche Zivilisation vergleichsweise noch den Errungenschaften des Steinzeitmenschen.“

Sagt Emanuel hiermit nicht das Gleiche wie Jesus in Mt 6,32-33, nachdem uns alles zufallen werde, was wir benötigen? Die Voraussetzung dafür lautet jedoch unmissverständlich: „Trachtet zuerst nach dem Reich Gottes“.

Das ist es, was uns in dem von Jesaja angekündigten Friedensreich erwartet. Welch großartigen Aussichten! Ist man da nicht versucht zu sagen: Da möchte ich gerne wieder auf die Erde kommen! Dann wird sich das Wort erfüllen: „Wie im Himmel, so auf Erden“.

Zu verstehen ist dies alles nur, wie vorn schon erwähnt:

1. durch den neuen Menschenschlag, in dem sich nur noch lichtere Seelen werden einverleiben können und

2. weil Christus die Menschen aus dem Geiste direkt führen wird. Ohne Religionen, ohne Priester. So wer-

den die Menschen ausschließlich aus der Wahrheit belehrt und werden von der Wahrheit erfüllt sein, wie es bei Jesaja heißt.

Friede wird sein zwischen den Menschen und Völkern. Es wird keine Grenzen mehr geben und keine Waffen. Friede wird sein zwischen Mensch und Tier. Der Mensch wird die Tiere als Mitgeschöpfe ansehen und sie nicht mehr verzehren. Er wird sein bisheriges Raubtierverhalten ablegen bei dem nichts, was sich bewegt, vor ihm sicher ist; vom größten Tier, dem Wal bis zur kleinen Ameise, die er sich in New Yorker Feinschmeckerrestaurants geröstet servieren lässt. Dadurch werden auch die sogenannten Raubtiere ihr Raubtierverhalten ablegen und es wird sein wie von Jesaja verkündet: Das Kind wird Kalb und Löwe zusammen hüten. Dieser künftige Mensch wird alle Ich-Sucht ablegen und stattdessen fragen, was er tun kann, damit es seinem Nächsten, den er als Bruder, als Schwester ansieht, gut geht. Welch eine Vision!

Der Mensch wird jeden so behandeln, wie er selbst behandelt werden möchte. Die Formen des menschlichen Zusammenlebens werden völlig andere sein, als wir sie bisher kennen. Christus wird dies alles neu machen. Dann wird es in allem den gerechten Ausgleich geben, so dass es keine Reichen und keine Armen mehr geben wird. Keine Herren und keine Knechte. Kein Oben und kein Unten. Auch wird dieser neue, durchlichtete Mensch weder von schweren Krankheiten noch von Siechtum geplagt sein.

So wie es angekündigt wurde, wird es geschehen: Dem Menschen wird die Fülle geschenkt werden und die Zeit, von der es hieß: „Im Schweiße deines Angesichtes …" wird nur noch ferne Erinnerung sein.

Im November 2018

Adam Fischer

Literaturnachweise

(1) „Was der Mensch sät, das wird er ernten", Adam Fischer, Kamphausen Bielefeld

(2) „Die großen Fragen", Marc Vernon, Springer, S.32

(3) „Das ist mein Wort A und Ω das Evangelium Jesu", Gabriele-Verlag Das Wort. S. 41 - 49

(4) „Origenes der Diamantene", Robert Sträuli, ABZ Verlag Zürich

(5) „Der Verkehr mit der Geisterwelt Gottes", Joh. Greber, leuchterhand Verlag

(6) „Neue Erkenntnisse über die Schöpfung Gottes", Walther Hinz, ABZ Verlag Zürich

(7) „Das Kettenopfer", Holzbauer/Potzel/Schulte, Gabriele-Verlag Das Wort

(8) „Ein Frauenleben im Dienst des Ewigen", Gabriele-Verlag Das Wort

(9) „Des Satans alte Kleider", Holzbauer/Hetzel, Gabriele-Verlag Das Wort

(10) „Der Steinadler und sein Schwefelgeruch", Holzbauer, Verlag Das weiße Pferd

(11) „Wer sitzt auf dem Stuhl Petri?", Gabriele-Verlag Das Wort

(12) „Die Rehabilitation des Christus Gottes", Kübli/Potzel/Seifert, Gabriele-Verlag Das Wort

(13) „Prophetische Denker", Walter Nigg, Gabriele-Verlag Das Wort Rastatt

(14) „Die neue Inquisition", Hubertus Mynarek

(15) „Wer Wind sät, wird Sturm ernten", Holzbauer/ Potzel, Gabriele-Verlag Das Wort

(16) „Autobiographie eines Yogi", Yogananda, Otto Wilhelm Barth Verlag

(17) „Erkenne und heile dich selbst durch die Kraft des Geistes", Gabriele-Verlag Das Wort

(18) „Die neuen Heiler", Robert Sebastian, Verlag Herbig München